ちくま学芸文庫

増補　女性解放という思想

江原由美子

筑摩書房

目次

I

II

Ⅲ

増補　女性解放という思想

はじめに

女性はどこにでもいる。それゆえ「女性問題」はどこにでもある。われわれの日常生活において、これほど身近な問題はない。それゆえ「女性問題」を論じることは、一見とても平易なことのように思える。実際、女性論は世に満ち満ちているし、誰もが自分の女性論を持っている。

ところが、なぜ女性が現在のようなあり方をしているのかということの分析、すなわち「女性問題」の分析ほど困難なものはない。なまじの社会理論では歯が立たない。また、女性の状況をどのように変革すべきなのか、すべきではないのかといった議論も、価値観が多様化している今日、なかなかコンセンサスは得られない。それゆえ「女性解放」という思想的課題の確立はさらに困難である。これほど難しい、広く深い知識を必要とする問題はないし、これほど鋭くわれわれの生のあり方を問いつめる問題はない。「女性解放」論が通常四分五裂してしまうのは、当然なのである。それは女性が女性と連帯するのが下手で、他の女性を敵としてみてしまうからではなく、「女性解放」という課題の巨大さと困難性ゆえなのである。

本書は、それゆえ「女性解放」とは何かといった答えを出すことはできない。ただ「女性問題」や「女性解放」の問題の深さ、困難さ、重要性、広さを少しでも示したいと思う。本書の中の至るところに見出せる論点の対立、矛盾、破綻等が、思想的展開の次の段階を生むことを希望している。

第Ⅰ部は、女性解放論の現在〔一九八五年当時〕の動向と考えられるものに焦点をあて、その批判的検討を試みている。エコロジカル・フェミニズムやイヴァン・イリイチの思想、反差別論の動向などに焦点をあて、その批判的のりこえをめざしている。

第Ⅱ部は「ウーマンリブ運動」をめぐって構成されている。「リブ運動」とは何だったのか、それをどう評価すべきか、ということは現在、必ずしも適切な解明が行なわれてはいない。その思想的な問題提起を正確に把握することで、現在のわれわれの状況認識と変革の方向性の提示が可能になるのではないかと思う。

第Ⅲ部は、マスコミやジャーナリズムの動向にあらわれた女性のさまざまな姿に焦点をあて、現代社会の女性の日常生活のあり方について考察を試みている。われわれが毎日なにげなく見、読みとばすテレビや雑誌の中に、現代社会で女性のおかれた位置について認識させる手がかりを求めている。

一九八五年一〇月

江原由美子

増補　その後の女性たち——一九八五—二〇二〇年

1　はじめに

　このたび、私の最初の女性問題に関連する著作である『女性解放という思想』が、ちくま学芸文庫に、文庫化されることになった。こんな古い著作が再度日の目を見ることになり、とてもうれしく思っている。しかし、この本が未だ読まれうるとすれば、その理由の一つは、日本社会におけるジェンダー・ギャップ解消の遅さにあるのではないかと考えざるをえず、複雑な気持ちにもなる。

　この本が出版されたのは、一九八五年十二月のことである。一九八五年といえば、男女雇用機会均等法が成立した年だ。均等法は、「均等法世代」という言葉が生まれるほど、「女性の働き方を変える」ことを期待された法律であった。それまでの女性の働き方といえば、大学を出ても、どの会社でも、女性は結婚前の数年だけ働き結婚や出産とともに辞めるのが当たり前だった。「それがこの法律で変わる！　女性も男性と同じように働き続けられるようになる！」。多くの女性が、この法律の成立にこんな未来を夢見た。この本が出版されたのは、女性たちがそんな期待を抱いた時代だった。

世の中はバブル経済に向かい始めていた。この時期、円高が進行した。円高は、日本経済の要であった製造業の空洞化を徐々に引き起こしていたけれども、まだそれほど心配されていなかった。それよりも世間は、円高によって海外製品に対する購買力が上がったことのほうを注目していた。六〇年代以来の高度経済成長の結果を、庶民もやっと実感しえるようになったのだ。高嶺の花だった海外のブランド品にも、手が届くようになった。それまで気後れしながらおずおずと海外旅行していたのに、円高を背景に欧米を闊歩するようになった。一九八一年出版の田中康夫の『なんとなく、クリスタル』は、欧米のブランド品嗜好の若い男女を描くことで、「豊かになった日本」を享受することを積極的に肯定しているかのようであった。

バブル期には、好調な経済を反映して女性の就業率は高まった。大卒女子の雇用も順調であった。一九七〇年代の新規大卒女性の就職率は、男性が八〇％程度であったのに女性は低く六〇％程度であったが、一九八〇年代末には女性も男性と同じ八〇％程度になった。「もはや、女性も男性と同じように働くことができる時代になった」「女性の時代が到来した」と勘違いしそうな数値であった。誰の文章であったか、「最近女性の服の質が良くなってうれしい」というような内容の雑誌記事があったのを、今も覚えている。「かつて女性の服は、男性の背広やコートに比較すると、仕立ても素材も一段劣っていた。しかし今女性の服は男性の服に全く見劣りしないものが多くなった。若い女性がかっちりしたスーツやコートを着こなし颯爽と歩いている。女性が男性と同等に働ける時代を象徴しているようで、とてもうれしい」。確かそんな内容だったと思う。「そうなのかな」と思って電車の中で肩パッドが入った女性の服を見ていた記憶がある。一九七三年オイルショック後の不況期に大学を卒業し大学院時代をおくった私には、どこか身の丈に合わない風景だったけれど、お嬢様風の「紺ブレ・ワンレグ」スタイルの女子学生たちのさざめきを、楽しく眺めていたように思う。

均等法は、その後も何回か「より強力で有効な法」にするために改正が行なわれ、近年では女性活躍推進法なるものも成立した。そうであれば、「女性活躍」は、さぞかし進んだろうと思うのが普通だ。しかし周知のように、実際には日本の「女性の働き方」は、今もあまり変わっていない。「働き方」だけではない。「女性の生き方」の悩みも変わっていない。

卒業生が十数年ぶりに研究室に訪ねて来た。聞けば「今管理職にならないかと誘いを受けている」という。「良かったねえ」と私が祝福すると、彼女は「でも、会社辞めようかと今思っているんです」と。「どうして？　せっかくここまでやって来たのに」と問うと、「子供が欲しい。今しかない。でも仕事との両立は無理だから、辞めるしかない」と思いつめた様子。「よく会社と相談して方法を見つけて。早まるんじゃないよ」と言うのが精いっぱいだった。彼女が帰った後、私が若い時から二三十年たっているにもかかわらず、いまだに女性たちは同じような悩みを抱えざるをえないのかと、ため息をついた。

なぜどうしてそうなってしまったのだろう？　以下では、一九八五年から二〇二〇年までの流れをざっと追って見ることにする。そのうえで、本書の各章が今持つ意味について、考えてみたい。

2　バブル・バブル崩壊・格差拡大の時代へ

まず、本書が書かれた一九八五年以前の社会を、振り返ってみよう。第二次世界大戦後GHQの指令に基づく「婦人解放」策によって、婦人参政権が実現し、家制度が廃止されたが、経済的には貧しい時代が続いた。当時主要産業はまだ第一次産業であり、農家などの世帯では、女性も男性と同じように働いていた。日本の経済復興へのきっかけは、朝鮮特需だったといわれる。その後、一九六〇年代〜七〇年代の高度経済成長によって日本は「奇跡の経済復興」を遂げる。同時に、女性の雇用を未婚期に限定する等のジェンダー差別を伴う「日本型雇用慣行」が成立した。被雇用者として働く女性労働者数は増加し続けていたが、第一次産業従事者比率の低下により、女性就業率は低下し続けた。「豊かになったのだから、女性は家事・育児に専念すべきだ」という風潮も強まり、「三歳児神話」の横行もあって、「男は仕事、女は家庭」の性別役割分業社会が確立した（既婚女性の専業主婦比率が最も高かったのは、日本でもウーマンリブ運動が起こった後の、一九七五年のことだった）。

一九六〇年代、欧米で第二波フェミニズム運動が始まった。新左翼運動や公民権運動などの「若者の反乱」の影響もうけて、第二波フェミニズム運動は北米と西欧のほとんどの国で展開された。女性参政権実現後数十年たっても、女性の社会的地位があまり向上しなかったという認識のもとに、女性だけに家事育児責任を負わせる「性別役割分業」や「女性らしさイデオロギー」（のちにそれらは「ジェンダー差別」と呼ばれるようになる）を問い直す主張が強まった。当時フロイト主義的精神分析は、家事育児に生きがいを見いだせない女性や職業継続を望む女性に、「母性喪失」「女性性喪失」などの精神的病いのレッテルを貼っていた。しかし、ベティ・フリーダンは、むしろ家事育児という役割だけに限定されていることこそが、女性に、うつ病やアルコール依存症など精神的病いを生み出していることを、調査に基づく著書（『女性の神秘』、邦訳『新しい女性の創造』大和書房）によって示した。この著書がきっかけとなって、第二波フェミニズム運動が始まった。第二波フェミニズム運動は、先進各国に拡大し、女性の職業進出と共働き革命をもたらした。国連においても世界女性会議や女性差別撤廃条約など、第二波フェミニズムの主張の一部を取り入れた施策が展開された。

日本でもウーマンリブ運動など、同じような運動が起きたことは先述したとおりである。しかし、日本のウーマンリブ運動は、規模も小さく、政治や社会に大きな影響を与えることはできなかった。日本が「性別役割分業の撤廃」などの第二波フェミニズム運動の主張を取り入れた女性政策を展開するのは、一九八〇年に女性差別撤廃条約に署名した後である。同条約の批准のために、日本政府は、当時父系主義であった国籍法の改正や男女雇用機会均等法の制定、家庭科の男女共修を行なった。（前述した一九八五年均等法は、そのようにして制定されたのだ）。しかし、当時の日本経済は、オイルショック後の不況に苦しむ欧米各国を尻目に、不況からいち早く立ち直り、経済の先行きに対する自信を深めつつあった。そして当時の経済界の人々の多くは、この日本経済の強さの理由を、「日本型雇用慣行」「日本型経営」に求めた。欧米型の福祉重視の産業社会は、福祉のために企業に多くの負担を求めざるを得ず、結果として非効率になっている。日本製品が世界を席巻しているのは、品質が良い商品を安価で生産できる社会労働体制、つまり「日本型雇用慣行」を維持しているからだというわけだ。

つまり、日本が勝ち続けるためには、「日本型雇用慣行」、中でもジェンダー差別を維持し続けなくてはいけない。なぜなら、日本が欧米のように、企業や高額所得者に高い税金をかけ「社会福祉」政策をとらなくても済んでいるのは、ひとえに、無償で育児や老親介護を担っている「専業主婦」が健在だからであり、女性の生き方の理想を「専業主婦」におく「性別役割分業規範」が維持されているからである。しかも「主婦」たちは、育児や介護の合間には、低賃金のパート労働者としても働いてくれる。日本経済にこんなに機能的な「ジェンダー差別」を「改善」してしまう手はない。世界の動向に従うためには表向きは「雇用における性差別」を払拭するようなふりをしつつ、実際には「ジェンダー差別」を温存するような「雇用機会均等法」を制定したのだ。(それゆえ、「雇用機会均等法」は「ザル法」との批判を浴び、その後何回か改正されることになる)。

他方政府は、「雇用機会均等法」と同年に、サラリーマン家庭の専業主婦に無拠出の年金受給権を認める年金制度改革を行なった。同時に、戦後長く禁止されていた労働者派遣業を解禁する派遣労働法を制定した。いずれも、「雇用機会均等法」が出産後も正社員として働き続けようとする女性労働者を増加させることを恐れ、女性労働者が、「年金受給のためには専業主婦の方が有利」「正社員で働かず派遣労働者として働いたほうが、自由がきくしいろいろな職場にいけるので結婚のための出会いも多い」等と自ら判断し、正規労働者の職を辞すようにさせるための、法改正だった。このように一九八五年とは、一方における「男女雇用機会均等法」、他方における「年金における第三号被保険者制度の確立」「派遣労働法の制定」という、まさにその後の日本の女性政策のジグザクの軌跡を予見するかのような、相反する法制度の改正がなされた年だったのだ。

ではその後今日まで、日本社会の女性政策はどう進んだのか？

その後、日本は狂乱のバブル経済に向かう。米国との貿易摩擦もあり、世界経済の牽引役を引き受けた日本は、「内需拡大」のために、大規模な金融緩和策をとり、結果として、土地や不動産価格が高騰する「バブル」が発生した。一九九〇年に入ると、金融引き締めが行われ、バブルが崩壊し、その後急速に景気が後退した。このころ、ソ連崩壊・東欧の自由化・中国社会における市場経済導入などによって、地球規模の市場経済が生まれた（グローバル化）。

一九九〇年代半ばになると、グローバル化の影響は日本の製造業の優位性を脅かすことが明確になっていった。バブル期に円高の影響もあり、日本男性労働者の賃金は、世界的に見ても相対的に高くなった。日本の製造業の中には、高い賃金を払わなければならない日本での製造を放棄し、海外に生産拠点を移す動きが生まれ始めた。バブル崩壊による一時的な景気後退に思えた不況は、一九九〇年代後半になっても回復しなかった。一九九五年になると、日本の経営者層は、「日本型雇用慣行」を辞めることを公言するようになる。「ほとんどの男性正社員に定年までの長期雇用を保障する」ことをやめ、短期での雇用や景気の調整弁としての雇用などを大量に導入することを、公言した。中高年社員には、

「リストラ」が断行され、失業する人も多く出た。若年労働者は、高校や大学を出ても、就職できない状況が続いた。いわゆる「就職超氷河期」世代である。

ここに至って、やっと日本政府は、「性別役割分業の片働き世帯」を前提にするのではなく、「共働き世帯」を前提とする社会経済に転換することを容認した。その表れが、「男女共同参画社会基本法」の制定である（一九九九年）。この基本法は、性別にかかわらず本人の意思に基づき社会に参加・参画し、責任を負うとともに利益をも享受できるという理念、つまり、「性別役割分業撤廃」という理念に基づいており、それは、日本が一九八五年に批准した女性差別撤廃条約の理念であった。一九七九年の国連での同条約の採択から実に二十年たって、日本政府はやっと、日本社会における女性政策を、女性差別撤廃条約の理念に沿ったものにするべく、動き出した。その背景には、男性のかなりの部分が妻子を「養う」ことができない賃金しか得られないようになる日本の雇用の変化を前提に、妻にも働いてもらって夫婦双方で家計を支えさせようとする、政府の狙いがあった。

しかし、日本政府のこの動きは、すぐに伝統的保守勢力からの強い反対にあうことになる。二〇〇〇年代前半、保守勢力は、男女共同参画社会基本法に、「左翼の陰謀」というレッテルを貼り、男女共同参画とはトイレもお風呂も男女一緒、フリーセックスを求めるジェンダー・フリー思想に基づくものという、全く事実無根の論難を行ない、地方議会を中心に、全国的な運動を行なった。安倍晋三という二〇一〇年代長期にわたり首相の座にあった政治家を中心に行なわれたこの「ジェンダー・フリーバッシング」によって、日本政府の女性政策は、いったん向かうかに思われた「性別役割分業撤廃」の方向に行くのではなく、従来通り専業主婦という役割をできるだけ維持する方向性を保ち続けることになった。

他方、バブル崩壊後日本経済を立て直すべく、小泉内閣は、郵政民営化などの新自由主義的政策をとった。第一次安倍内閣は、伝統的保守かつ極右的色彩が強かったが、短期に終わった民主党政権の後の第二次安倍内閣においては、伝統的保守の「性別役割分業」維持型女性政策ではなく、女性の家庭責任はそのままに女性の職業参加の推進のみを促進する「女性活躍」施策がとられることになった。ネオリベラリズム的女性政策といってもよいだろう。日本社会は、経済の長期低迷により、若者を中心に非正規労働者化が進み、未婚化が進行し少子化に歯止めがかからない状況に直面していた。それゆえ経済界は、労働力人口を維持するために、女性にも働いてもらう政策を要望していたからである。

3　一九八五年から二〇二〇年まで、社会はどう変わったか?

以上、一九八五年から今日までの社会の動きを追った。では当時のその結果、どんな変化が生まれたのだろうか?

確かに大きな変化があった。一九八五年から二〇二一年の今日では、女性の働き方が大きく変わった。一九八五年ころの日本の女性就業率は、五三%程度であったが、二〇二〇年には、七〇%を超えており、かなり高くなっている。特に二〇一〇年代における伸長が著しい（しかし、コロナ禍によって、女性の雇用喪失が起きており、今後就業率が低くなる可能性がある）。特に変わったのは、共働き世帯比率である。八五年においては、専業主婦世帯数が共働き世帯数をかなり上回っていたが、二〇二〇年には、共働き世帯数が専業主婦世帯数の倍以上となり、世帯数において完全に逆転した。意識面でも、一九八九年の内閣府「男女平等に関する世論調査」では、「夫は外で働き、妻は家庭を守るべきである」という考え方への賛否（性別役割分業意識を問う標準的質問）は、「賛成」「どちらかといえば賛成」を合わせた比率が、男性で六五%をこえており、女性でも六〇%に近い（「反対」「どちらかといえば反対」を合わせた数値は、男性で二九%、女性で三八%）。それに対して、二〇一六年の内閣府「男女共同参画社会に関する世論調査」では、「賛成」「どちらかといえば賛成」が、男性四五%女性三七%、「反対」「どちらかといえば反対」が、男性四九%女性五九%と、男女とも反対の方が多くなっている。この二十年弱の間に、逆転したのである。

しかし、労働者の待遇面をみると、男女差は縮まっているとはいいがたい。確かに男女間賃金格差を見ると、男性を一〇〇とした時の女性の賃金は、一九八五年では六〇程度であったが、二〇一九年には七四であり（厚生労働省「賃金構造基本統計調査」）、ある程度改善している（しかしそれでも男女間賃金格差は主要国の中で一番大きい）。けれども、この統計に表われる男女間賃金格差は、「一般労働者」、つまり短時間労働者を除外した数字に過ぎない。日本社会はフルタイム労働者に比較した時の短時間労働者の賃金水準が欧米諸国に比べて低いことで知られる。短時間労働者の時間当たり賃金は、フルタイム労働者を一〇〇とした時、ヨーロッパ諸国七〇〜八〇、米国六〇であるのに対し、日本は五七である（独立行政法人　労働政策研究・研修機構、『データブック国際労働比較2016』）。このように賃金面で不利な短時間労働者は、七割が女性である。さらにフルタイム労働者に比較すると小さいとはいえ、短時間労働者においても、男女間賃金格差がある。女性労働者に占める非正規労働者割合は、次第に高くなり、二〇一九年には全女性労働者の五六・四％に上っている（男性は二二・三％）。つまり、フルタイム正規労働者において少し男女間賃金格差が縮まったとはいえ、女性労働者の中で、賃金水準が非常に低い短時間非正規労働者が占める割合が高くなってきたことを考えると、男女間賃金格差が縮小しているとは言い難くなる。

では、昇進・昇格面ではどうだろうか。民間企業係長級職に占める女性割合を例にとると、一九八九年では五％程度であったが、二〇一九年には一八・九％となっており、やや改善している。課長級・部長級も、係長級よりも低いとはいえ、増加している。しかし、他の国と比較すると、この比率は格段に低く、ＩＬＯによれば、日本の管理職の女性比率は国際平均を大きく下回っている。

ここから見ると、女性の働き方は、就業率が高くなり女性が働くのが「当たり前」になったという点では大きな変化があったが、賃金面での男女間格差は明白に縮まっているとまではいいがたい状況である。また、管理職に占める女性比率は、改善しつつも世界平均よりずっと低いなど、職場における男女平等が実現したとは到底言えない状況が続いている。

「女性の働き方」に深くかかわっているのが、男女の家事育児介護等、無償労働負担の平等度である。日本は男女の家事分担が極端に女性に偏っていることで知られている。無償労働時間が女性に偏っていることによって、女性はフルタイムの仕事につきにくい。（むろん正社員の労働時間が長すぎることも重要な要因であるが）。では無償労働負担は、どの程度変わったのだろうか。一九八六年の共働き世帯（子供あり）の家事関連時間の妻の分担割合は九三％だったが、二十年後の二〇〇六年では、八五％程度にまで減った。さらに十年後の二〇一六年には、八二％になっている。確かに男性の分担度は上昇しているが、その分担度は先進国の中で最低である。

では家族はどう変わったのか。人口構成比の変化もあり、婚姻数や出生数は激減している。一九八〇年代では年間婚姻数は八十万件弱の件数だった。しかし二〇一九年には六十万件程度になっている。出生数は、一九八五年には百五十万人を超えていたが、二〇二〇年にはコロナ禍もあり八十七万人とほぼ半減した。出生数が減少し、高齢化が進行したこともあり、世帯類型別構成比も、激変している。一九八五年には夫婦と子供からなる家族（いわゆる核家族）比率が四〇％であり、他の世帯類型に比較して一番多かったが、二〇二〇年には二五％弱に減少した。代わって今最も多くなったのが、一人暮らし世帯であり、一九八五年には二一％弱だったのに対し、二〇二〇年には三四％になっている。平均世帯人数も、一九八五年には三・二二人だったが、二〇一九年には二・三九人になっている。

4 「より選択が困難」な時代へ

このような統計的数値は、様々なことを語り掛けてくる。想像力を交えて、私流に解釈すれば、「女性たちが新しい困難に直面している」ような様子が見えてくる。確かに前よりも多くの女性たちが職業を持つようになった。けれども、どんな形で仕事を続けても、あるいは仕事を辞めても、多くの女性が「未来が見えない」とため息をついているのではなかろうか。

確かに仕事を続ける女性は増えた。しかし、職場で男性と平等になったと言いうる女性は今でも少数であり、多くの女性が、男性とは異なった働き方をさせられている。結婚や出産で一度退職した女性が就職できる職は非正規労働だけといっても大げさではない状況や、家事や育児や介護の負担が未だに女性に重くのしかかっている状況を考えると、経済的安定のためには、結婚しない・出産しないという選択をして今の正社員の仕事を維持するのが、一番現実的に思える。でもそうやって現在の職を維持したとしても、現在の経済状況では今の職が続くという保証はない。仮に職が続いたとしても、男性と比較して昇進できる可能性は低い。果たして今の職が、子供や家庭を断念してまで維持するべき職なのかと、真剣に悩む女性も多いはずだ。それならいっそ結婚して夫の扶養家族になるという選択をしたほうがましではないかという判断もあろう。けれどもせっかく努力して就いた職業を辞めて結婚し専業主婦になったとしても、友達も近所の女性も共働きが多く、なんとなく肩身が狭い思いをするに違いないと思う。しかも自分の職業継続に関して感じた不安は、夫の職にも付きまとう。夫が失業するかもしれないという不安がぬぐえなければ、「優雅な専業主婦」であり得るはずがない。子供にちゃんとした教育をつけようと思うと、先立つものはお金であり、再就職するしかなくなる。結局不利な非正規労働につく羽目になるだろう。そうであれば、最初から共働き前提で結婚したほうがマシ。できる限り共働きを続けるしかない。その環境が整っていない日本社会で共働きを持続することは、毎日へとへとになるまで頑張ることになる——。つまり、低成長下の日本では、「職業継続」も「結婚退職・専業主婦」も、いずれも「夢の実現」ではありえず、どれもがしんどい選択肢であることはわかっているけど、でもその中から選ばざるを得ないという意味で、「困難な選択」になってしまっているのである。家事や育児などの無償労働負担を女性に重く負わせたうえで、低賃金の女性労働力を最大限引き出そうとする日本（韓国など東アジア諸国も似ているが）の女性政策の下で、女性たちは、「困難な選択」を行なっている。未婚化・少子化は、当然の帰結に思える。

もう一つ見えてくるのは、女性の中の格差や違いが大きくなっていることである。正規労働者と非正規労働者の格差が大きいことは先に示したとおりである。正規労働者と非正規労働者の分化には、学歴や学校歴などが影響している。正規労働者の場合は、産休・育休などを利用しながら初職を継続できる場合が多いが、非正規労働者の場合は、産休は取得できても、育休については育休後も雇用継続していないと利用できない。こうした福利厚生制度の違いもあり、女性の正規労働者と非正規労働者の格差は、男性の場合以上に大きくなってしまう。しかも、そうした悪条件にある非正規労働者の比率が、女性労働者の過半数となっている。

女性の中の多様性の増大は、働き方だけではない。家族についての意識変化や産業構造・人口構造などによって、女性の生き方も一九八五年と比較すると、ずっと多様化した。NHK「日本人の意識」では、一九九三年調査から「結婚するのが当たり前だ」「必ずしも結婚する必要はない」の二択の問いに対する賛否を調査しているが、一九九三年には

「当たり前だ」と思う人が四五％、「必ずしも結婚する必要はない」と思う人が五一％だった。しかし二〇一八年調査では、「当たり前だ」と思う人は二七％に減り、「必ずしも結婚する必要はない」を選択する人は六八％にまで増えている。同様に、「子供を持つこと」についても、一九九三年調査では「結婚したら子どもを持つのは当たり前だ」を選択する人は五四％、「結婚しても必ずしも子どもを持たなくてもよい」を選択する人が四〇％だった。二〇一八年には、「子どもを持つのがあたり前」を選択する人は三三％に減少し、「必ずしも持たなくてもよい」を選択する人は六〇％に増加している。つまり、すでに多くの男女にとって、結婚や子どもを持つことは、必ずしもする必要はない選択になっているのである。今振り返ると、かつては「女性の普通の生き方」といいうるものが今よりもはっきりとしていたように思える。現在は、もはやそうしたものは存在しなくなったとすら、言ってよいだろう。人々は過去よりも現在のほうが、「多様な生き方」を許容しているのである。

けれども、このような「多様な生き方」の実現は、既婚女性を「夫の被扶養者」と位置付ける様々な制度の持続によって、妨げられているように思える。妊娠出産時の本人及び子どもを含む家族の一時的な精神的身体的負担や、自分と家族の職場や託児施設などの社会環境によって、継続意思があったにもかかわらず退職せざるを得ない女性は、未だ沢山いる。しかも、夫の収入も不安定化している今日、「既婚女性は低賃金不安定な職でよい」という前提は、あまりにも厳しい状況を女性に押し付けるものということができるだろう。ましてや、離婚や死別によって世帯の主要な働き手になった女性たちに対しても、同様な前提での職しかない現状は、到底許容できるものではない。

他方において女性の職業参加が一貫して増大している今日、男性と同等の活躍の場を与えられる女性たちも大勢生まれた。彼女たちの中には、高収入の夫を持ち自分も高給をとる女性もいる。もちろん、彼女たちもまた、育児と仕事の両立に苦しんでいるわけだが、経済的安定性を欠いた状況で、苦しい状況にある女性たちと、問題を共有しているといいうるかどうか、なかなか難しいと考えざるを得ない。「女性の普通の生き方」があった時代における女性問題と、多様化した女性を前提とせざるを得ない今日の女性の問題とは、非常に大きな相違があると考えるべきだろう。

ここまで見てきたように、一九八五年から今日まで、女性の状況には、変わらない構造の元でも大きな変化があった。既婚女性を「被扶養家族」とみなし低賃金不安定な職で充分とみなす社会は大きくは変わらないまま、グローバル化に伴う経済不況によって、各世帯の経済的不安定さが増し、女性も働き続けるようになった。他方、一部の女性には、「女性活躍」の場が与えられるようにもなった。個人の生き方の多様性を許容する意識が高まっている。しかし、だからこそ、女性はより困難な選択に直面しているかに見える。学部ゼミの女子学生が、「女性活躍の時代って、誰にとっても、ハッピーじゃない」とつぶやいたことが、心に重くのしかかっている。

5　「女性解放論の現在」

出版された時から今までの変化を考えるとき、「女性解放という思想」に収録された論考は、どんな意味を持つだろうか。

まず最初の、「女性解放論の現在」。三十五年もたった今では、この論は到底「現在」的ではないので、さすがにこの論考には、「時代的ズレ」を感じる記述が多い。現在の読者の多くは、そもそもなんでこんな論を展開する必要があったのかという問題の文脈がわからない方が、多いのではないかと思う。そのわからなさを補うために、やや誇張した言い方で一九八〇年代当時の日本の社会評論の主要な論調を説明しておこう。「リブ運動の軌跡」の「6　近代主義批判の陥穽」にも、補完するような説明があるので、そちらも参照してほしい。

誤解を恐れずに言うとすれば、当時、日本の進歩的立場からの社会評論の論調は、自由主義経済圏において最も好調な日本経済に支えられて、「理想主義的」「文明論的」な観点から、現代社会を「資本主義社会」「産業社会」「近代社会」等と定義づけ、それを全面的に批判的に考察する評論が、主流だった。理由としては、当時は「今何とかしなければ」

いけないような差し迫った問題が今ほど顕在化しておらず、長期的視野から未来を考察する余裕があったこと、さらには「資本主義化していない社会」つまりは「社会主義社会」や「低開発社会」が健在であり、「資本主義社会から脱出可能なオルタナティブがある」といった信念を持ちやすかったと思われることなどが指摘できる。（もしこのような分析が妥当だということができるなら、現代は当時と比較して、気候変動問題、災害の災禍からの復興や防災問題、格差や貧困、あるいはヘイトスピーチやいじめ・パワハラ等、今対処することが必要な問題が当時よりもずっと多く顕在化し、文明論的視点に立つ評論を行なっている余裕がなくなっていること、「資本主義の外」にあるオルタナティブの社会の可能性を当時よりも悲観的に考えざるを得ないことから、未来のユートピアを構想しにくい状況にあることなど、現代という時代が、なんとも悲惨な時代であることを、認識せざるを得ないだろう）。

このような当時の論調においては、企業の職場はまさに「資本主義社会」そのものとして位置付けられていた。今と同じような長時間労働に従事しながら、そこにおける「苛烈極まる競争」や「疎外された労働」の非人間性に苦しめられつつも、「世界第二の経済大国日本」の戦士として、世界中で戦っている日本企業のサラリーマンたちに、「資本主義」や「産業社会」さらには合理主義や科学に基礎づけられた「近代社会」そのものを批判的にみる視点を提供し、より「人間らしい生き方」があるんだと気づきうるきっかけを与えることこそが、社会評論の課題だとされていた。この論調からすれば、当然、結婚後家庭に入るのが当たり前と考えられていた女性には、「資本主義の外」にいるという位置付けが与えられがちであったことが見えてくるだろう。

つまりこの論調から見れば、第二波フェミニズムが性別役割分業批判を行なったことは、なんとも厄介な問題ということになる。なぜなら女性たちは、非人間的で苛烈な企業社会の競争から「幸運」にも逃れられているにもかかわらず、まさに否定すべきその企業社会への「平等な参加権」を要求していることになるからだ。当時の社会評論の論調に対する私のこのような分析が正しければ、女性が労働権を主張し、平等な雇用機会や昇進機会を要求することは、「遅れてきた者」による稚拙な要求と受け止められたのだと思う。より良い社会の実現のために、企業戦士に、職場における昇進をめぐる競争や資本主義社会の「致富ゲーム」から降りようと主張している者にとって、それに平等に参加することを求める女性運動の主張は、その競争やゲームの帰結（孤独や疎外等）に対する洞察を欠いた、粗野な要求ということになるからである。

「女性解放論の現在」において、私が、「男性原理と女性原理」論、エコロジカル・フェミニズム、ヴァナキュラー・ジェンダー論などいくつかの論に触れながら、言おうとしたのは、女性を「資本主義の外」に置き、そこに理想化された社会の可能性を見る論（エコロジカル・フェミニズム論など）も、あるいはより巧妙に、現代の女性解放論をすべて

「産業社会におけるユニセックス」に基づく妄論と否定し「男女が全く異なる仕事をするヴァナキュラー・ジェンダーに基づく社会」こそ本当の「女性が解放された社会」だと主張するイリイチの評論も、女性自身の経験に根ざして問題を論じているのではなく、彼らが考えるところの「理想の社会」を、女性に仮託して語っているだけだということだ。だからこそ、(世界中で雇用における男女平等が問題になっている今からすれば、信じられないことではあるが)、「雇用における性差別を是正せよ」「性別役割分業を撤廃せよ」という女性の切実な主張を、あたかも「本当の解放に対する洞察を欠いた愚かな主張」であるかのように扱ってしまったり、「産業社会においては男女間賃金格差は一定であり改善しないから運動するだけ無駄だ」と切り捨ててしまうような主張をしてしまったり(イリイチ)したのではなかろうか。私は、そこには、女性には「資本主義社会」や「産業主義」に対する充分な認識がないという「家父長制」的価値観に基づくものの見方が、透けて見えるような気がした。

だからこそ、私が言いたかったのは(「女性解放論の現在」でうまく言えているかどうかは別として)、女性を、社会の中で様々な経験をしそこから何を変革するべきかを分析し何をするべきかを自ら判断できる、男性と同様の存在とみなすべきだということだ。その時、「資本主義社会」「産業主義社会」などは、男性たちが独占してきた企業社会や政治的世界などの「公的領域」だけでなく、家族や子育てや介護等「私的領域」も含んでいること、その意味で女性たちは、「資本主義の外」にいるのではなく、男性と同じように資本主義社会に生きていること、けれども女性たちはそれを別な位置から、別の見方から、見ているのだということが、的確に位置付けられるだろう。その時、「資本主義社会」「産業主義社会」「近代社会」などは、より複雑なシステムとして見えてくるに違いない。女性たちの主張は、「遅れてきた者」の稚拙な認識に基づく主張なのではなく、「資本主義社会」「産業社会」「近代社会」に対する、新たな見方を示しているのだと。

この論を書いた後、社会主義崩壊の影響を受けて、世界はまさに反対に動いた。つまりユートピアを「資本主義の外」に模索する運動ではなく、逆に市場以外の社会形成原理を認めない市場原理主義(ネオリベラリズム)が、世界を席巻したのだ。しかし、そこにおいても、「女性の声」は、かき消されてしまった。市場原理主義によって、地域社会や家族等の「共同体」的な社会関係は、深く損傷され、人々の生きづらさは深まった。確かに今は、「資本主義の外」にユートピアを見出そうと、女性に「資本主義の外」のユートピアを仮託するような社会評論は、少なくなったかもしれない。しかし、「市場」は「市場の外」とともにあり、「市場の外」においては市場原理とは異なる社会規範によって人々をケアする営みが行なわれていること、その関係の損傷や破壊は、社会そのものを破壊に導くことは、今もなお、充分理解されてはいない。「女性の声」を聴く社会理論の必要性は、今も少しも変わっていない。

6 「『差別の論理』とその批判――『差異』は『差別』の根拠ではない」

本論も、今読むと繰り返しが多く、とても読みにくい文章である。こんな力みかえった文章を読むと、「なんでこんなに力まなければならないのか、恥ずかしい。穴があったら入りたい」という気持ちにもなる。しかし、そんな気持ちを何とか抑えてこれを書いたころの気持ちを思い起こしてみると、「私は怒って」いたのだ。何に？　「性差別の告発」や「女性解放」を論じる女性たちに対して当時投げかけられていた、次のような問いにだ。「女性は一体どうしたいの？　女性性を捨てて男性と同じように働きたいの？　それとも女性性を尊重して子どもを持ち家庭生活を楽しむような生き方をとるの？」「要するに、性差があることを認めるのか認めないのか、どっちなのか決めてくれ」等の問いにだ。

なんでこの問いに「怒っていた」のか。それはこの問いが、一見「女性の意見を尊重する」ような振りをしながら、実際のところは「脅し」で「踏み絵を踏ませる」ような問いだと思ったからだ。この問いは、女性自身に選択するよう促す。それ以前だったら、「女は引っ込んでいろ」「女は家のことだけやってればいいんだ」等、女性の役割は決まっていると言わんばかりに、女性たちの「性差別の告発」や「性別役割分業撤廃」の主張を一顧だにせず切り捨てたに違いない。それに比較すれば、この問いは、少なくとも「あんたたち、男と同じように働きたいの？　それとも子育てに専念したいの？」「性差があることを認めるの？　認めないの？」と問いかけていて、女性自身が選択しうる余地を認めている。その意味で、女性の意志を尊重しているように見える。しかし、実際はそうではない。そこには暗黙に、「物事の基準は男だ。平等を要求するのなら、男の基準に合わせる気があるんだろうね。後から性差があるから基準を変えてくれなんて甘えは許容しないぞ」という「脅し」があるのだ。「お前たちが男と差はないというならば、お前たちの告発を受け入れて平等にしてやってもよい。だが、本当にそれでいいんだな？　そう言っておいて、後で、生理だ妊娠だ出産だと御託を並べて甘くしてもらおうとしたって、許さないからな。もし、そうしてほしいなら、最初から、男女平等なんて言うんじゃない。そもそも男と女は違うんだから、平等なんてしょせん無理なんだ。それでも平等が欲しいというなら、それだけの覚悟をするんだな」という意味が、含まれている。だからこの問いを前にすると、女性は立ちすくんでしまう。平等の処遇を要求するなら、「性差はない」と言わざるを得ないという圧力を感じる。けれど、「性差はない」と言ってしまってよいのか。女性は当然にも男性とは違う生殖機能を担う身体を持ち、生活の中で次世代再生産のために男性よりもより多くの精力を割かなければならない。その違いを無視されてしまえば、そもそも仕事の継続すらおぼつかなくなる。では、「性差がある」ことを認めたらどうなるか。「ならば当然平等な扱いは無理」と言われてしまうに違いない。だから、女性は立ちすくまざるを得ない。あるいは無理を承知で、この問いのどちらかを選択し回答するとしよう。しかしそうしたとしても、もともと無理な選択なのだから、当然にも、女性の回答の仕方は分裂する。女性運動も対立してしまう（実際、アメリカでは、フェミニズムが、「性差最大化論」と「性差最小化論」に分裂している）。

つまり「性差があることを認めるの？　認めないの？」という問いは、性差の有無という認識を聞いているのではなく、男性基準で公的領域に参加する覚悟があるかどうかを、聞いているのである（まるで、脅しで譲歩を迫るやくざのセリフのように）。一見女性を尊重するようでありながら、実のところ巧妙に譲歩を迫る問いなのだ。そこには、男性基準自体を相対化し、標準的労働時間や労働内容を見直したり、女性にも働きやすいような働き方改革を行なわなければいけないというような考えはほとんど見られない。そうではなく、あくまで合わせるべきなのは、女性とされているのである。

この文章には、「被差別者は、『差別問題』にはめられてしまっている」、「差別の論理の罠にはまってしまっている」などの表現が幾度も出てくる。この表現で言いたかったのは、問いという形式が回答を迫るものであるがゆえに、多くの女性が自ら回答するように仕向けられているにもかかわらず、実際には問いは単なる問いではなく、平等要求の覚悟を迫る「脅し」を含んでいる点、一見性差があるかどうかという事実問題を問うているように見えながら、実のところ平等要求を行なう覚悟があるかどうか自分に問うことによって自らその要求を引っ込めることを要請している点などにおいて、この問いが「罠」であるということである。こんな問いには答える必要はない。性差があるかどうかを、なぜ女性だけが回答するように迫られる必要があるのか？　そのこと自体、この問いが、圧倒的な非対称性、つまりは「男性基準の世界に女性が入れてもらう」ということを前提としている問いであることを示しているのではなかろうか？

本論で私は、そのように解釈してよい根拠を執拗に探している。繰り返しが多いのも、力んでいるのも、自分の中に「本当にそう解釈してよいのか」という問いがあるからだ。「性差があるのだから、平等である必要はない」という論は、一見妥当に思える。しかしそうではない。こうした場面で言われる性差とは、通常、男性基準に達しているかどうかという基準で測られる性差に過ぎず、女性と男性との間にあるその他の様々な差異のほとんどに対しては、そもそも関心を持っていない。性差を問うているように見せながら、女性に男性と平等の処遇ができない理由を探すことだけに焦点を当てているのだ。そのような文脈で性差の有無を問う問いは、女性がどのような力を持ちどのような世界に生きているのかにはそもそも関心を持っていない。「性差は差別の根拠ではない」のである。

今日でも、一見女性の声を尊重するように見えながら女性自身に踏み絵を踏ませる「罠」のような問いは、決してなくなってはいない。女性の昇進機会が増えた今日では、こうした問いが増えているとすらいえるのかもしれない。こうした問いの形式をとった暗黙の脅しがあるからこそ、女性たちは昇進機会を断って退社しようかと思うのかもしれない。研究室に来た卒業生のように。

7 「リブ運動の軌跡」「ウーマンリブとは何だったのか」

IIに収録した「リブ運動の軌跡」「ウーマンリブとは何だったのか」は、いずれも、一九八〇年代前半において、そのつい十数年前の運動に過ぎないウーマンリブ運動の主張が、ほとんど引き継がれていないどころか、逆の主張として伝わっているなど、全く誤解されていることに問題意識を刺激され、書いた文章である。一部「女性解放論の現在」と重なるような論述もあるが、基本的には、一九七〇年代前半の、リブ新宿センターを中心とした東京のウーマンリブ運動の主張を、できる限り生き生きと伝えたいと思い、書いたものである。

私が「リブ運動の軌跡」を書いた具体的な経緯については、本書二八九ページにも述べているので、簡単に述べるにとどめるが、本来それは社会学の中の社会運動論関連の論集企画の分担執筆部分として書かれたものである。諸事情によりその企画が頓挫し、原稿は完成したまま私の机の中に眠っていた。人づてにそれを入手された大橋由香子さんが、日本読書新聞に分割して連載として掲載してほしいと依頼して来られたのは、一九八三年のことだった。今思えば、この日本読書新聞への連載こそ、その後の私をフェミニズムの領域での仕事に向かわせた最大の出来事だった。読書新聞の連載開始後、かなり早い時期に、当時勁草書房の編集者だった町田民世子さんから、本書『女性解放という思想』の企画のお話をいただいた。この企画に合わせて書いたのが、本書の最初に置いた「女性解放論の現在」である。その『女性解放という思想』が、この度筑摩書房から文庫化されるようになったわけである。思えば、まさに「リブ運動の軌跡」というこの文章が、私をいろいろな人につないでくれたのである。

私がウーマンリブ運動に出会ったのは、大学時代のことである。日本のウーマンリブが産声を上げたのは一九七〇年であり、一九七一年の私の大学入学の前の年ということになる。私にとっては、運命的めぐり合わせということになるだろう。一大学生として、リブ運動の集会での発言の鋭さや熱気に衝撃を受けた私は、大学で小さい女性問題のグループのメンバーになるとともに、リブの活動に時々参加していた。学部・大学院時代は、ほとんど女性問題について何も書かないまま、大学に就職したが、そんな時大学時代の恩師からの企画として、ウーマンリブについて書くという仕事が回ってきた。教員として学部生に接する中で、彼女たちがリブに悪い印象をもっていることに気づいていたので、書くべきだと思った。学生たちはメディアを通してしかリブを知らず、そのメディアにおけるリブの扱いは、後に「からかいの政治学」を書かせたほど（「からかいの政治学」は、「リブ運動の軌跡」の副産物である)、ひどいものだったからである。何とかしなければという思いが、この論に向かわせた。

その後、日本におけるウーマンリブ運動の評価は、少なくとも女性問題に関心を持つ人々の間では、「リブ神話」という批判も生まれるくらい、好転した。良かったと思う。今読み返すと、半世紀以上たったリブの問題提起が、少しも古くなく、今も私たちに強く問いかけるものを持っていることに、驚かされる。

8 「からかいの政治学」

「からかいの政治学」も、思い入れがある論文である。先述したように、「リブ運動の軌跡」を書くための資料を読み込むうちに、リブ運動参加者の多くに、「嘲笑」「揶揄」「からかい」についての記述があることに気づいた。「嘲笑される」「からかわれる」という経験は、「非難される」「攻撃される」経験と同じように辛い経験であることは確かであるが、その辛さには独特の質があるように思えた。それは「反論してもかえって笑いものになる」から「反論のしようがない」「歯を食いしばるしかない」ということに関連しているように思えた。なぜそうなるのかということを、当時学んでいた多元的リアリティ論や対面的相互行為論を使って解くことができないかと考えて書いたのが、この論文である。

幸いこの論は、多くの読者を得て、他の本に採録されたり、セクシュアル・ハラスメントの分析に応用されたりした。論者の手を離れて、いろいろな問題に応用されたことは、とてもうれしく思っている。

9 「『おしん』」「孤独な『舞台』——現代女性とインテリア」

この二つの小論はいずれも、他の雑誌社から依頼されて書いたものである。それぞれ一九八〇年代という特徴が良く出ていると思う。

「おしん」は、一九八三年四月から一九八四年三月にかけて放送されたNKHの連続テレビ小説を論じた小論である。論じているのは、もちろん橋田寿賀子作の超有名テレビドラマ「おしん」である。このドラマは、平均視聴率五二・六％最高視聴率六二・九％という、朝ドラ史上どころかテレビドラマ史上においても未だ破られていない最高視聴率を叩き出したことで知られている。さらに、私がこの小論を書いた後に、日本だけではなく、アジアを中心に六十八カ国（二〇一二年三月現在）で放送され、その多くの国で高視聴率を得ている。ストーリーは、明治時代東北の貧しい農家に生まれた主人公おしんが、商家に奉公に出された後、親から離れ、出産・子育て・嫁いじめ、経済的困窮や戦争体験など、あらゆる苦労を積み重ねるが、戦後行商から始めた商売を十数店舗を構えるスーパーマーケットチェーンにまで育てあげるというものである。（インターネットに詳しいストーリーが載っているので、関心がある人は読んでほしい）。主人公「おしん」は働き者で辛抱強く知恵や才覚を持ち、どんな時もくじけず前を向く、生命力あふれる女性である。作者橋田寿賀子さんは、明治生まれの女性たちの人生の聞き取りからこの物語を生み出したという。つまりモデルは、「苦難の時代を生き抜いてきた全ての日本人女性」なのだと。今思えば、私が小さいころ出会った周りの中高年女性たちや、母から聞かされた女性たちの物語は、みなこのおしんのように、辛抱強く力強い「すごい」女性たちの物語だった。

本小論は、この「すごい」ドラマがなぜ受けたのかに対し、一つの側面からコメントしているに過ぎない。「おしん」に対する解釈は、ほかにもたくさんできるに違いない。けれど、この小論の、「おしん」を「日本経済の成功物語」とする分析は、このドラマの意味の一面を的確にとらえていると、今も思う。「高度経済成長期が終わって十年、もはや以前のような経済的拡大は望むべくもない時代に、鬱屈した気分をより『貧しい時代』と比較することで紛らわし、自分たちが『幸福』なのだと確認したい」という気持ちこそが、「おしん」を見続けた多くの庶民の気持ちであったのではないかという私の分析は、一九八〇年代という時代に生きた日本人の社会意識の一面をとらえていたのではないかと思う。そしてそれは、他の国々で「おしん」を見続けた人々にも、ある程度当てはまるものだったのではなかろうか。「おしんのように日本人はこんなに苦労して経済大国になった、自分たちも同じような苦労をしている。だから私たちも豊かになる。たとえ今苦しくともいつか豊かになる、おしんのように」と。

「孤独な『舞台』」は、豊かになった八〇年代日本社会において、社会関係の希薄化や孤立化が進行している様相を、当時のインテリアブームの中に見出した小論である。住居空間の私化が、インテリアブームの前提であること、だからこそその住居空間が、共同的な空間ではなく、女性一人の「孤独な『舞台』」なのだと、やや皮肉な見方を示している。

I

女性解放論の現在

1　序――「セカンド・ステージ」

女性解放運動は「セカンド・ステージ」にさしかかったのだろうか？　ベティ・フリーダンの『セカンド・ステージ』は日本にも様々な波紋を投げかけた。もはや女性は、女の自立とか男女の平等とかを主張するのではなく、家族を大切にし家族の再建をこそめざすべきだというフリーダンの主張は、女性解放運動に対して日本で一貫して投げかけられてきた疑問、「女が自分のことばかり考えて家族を捨てる時、子どもはどうなってしまうのか」という問いかけに対し「やはり女は子どもを大切にし、家族を大事にすべきなのだ」という解答を与えるものであるかのように読まれた。

「自立」志向に悩みつつも日本の多くの育児期の主婦たちが実際にとった選択、「子どものため、せめて小学校に入るまでは専業主婦でいよう」という選択の正しさをフリーダンの言葉は確認してくれるかのようであった。「自立」志向の女性たちがいかに職業的・社会的に成功しても、家族生活の犠牲の上でのその成功は孤独にみちたものであるというフリーダンの指摘は、〈女の幸福は家庭である〉という強固な古くからの信念を再認識させてくれたかのようであった。女は男のように職業を持たなくとも、日常生活の中で大切な仕事をしている。生命を産みはぐくみ育てる女性の仕事は大切な仕事なのだ、そのことを女性は自覚する必要があるし、自信を持たなければならない、というわけである。

さらに、現代社会では、子どもや家庭をめぐる状況は悪化してきており、それが女性の危機意識をさらに高める。公害、騒音、車社会、自然破壊等々……。安全な環境、食品、遊び場を子どもたちに確保するには、もはや家庭だけの視野では足りず、社会的活動を不可欠にする。こうした女性の危機意識を利用する形で、今や女性は職業活動に参加するよりも、これらの問題に対処し解決するために活動する方が重要だという主張がなされる。女性の活動を必要としている場はこんなにあるではないか、なぜわざわざ男の領域に入りこむ必要があるのか。

そして、イリイチによるヴァナキュラー・ジェンダー論は、こうした考え方にまさに適合的な理論的背景を与えてくれるように思われる。

現代社会の「性差別」は、産業社会の産物である。男も女も同一の賃労働という場で競争しなければならなくなったために、女性は経済的な従属者となり差別されてしまうのである。そして、女性は産業社会の中で支払われることのないシャドウ・ワークを行なうことを強いられる。そのシャドウ・ワークとは、自給自足の経済における実質的な労働とは似ても似つかない「疎外的な」労働である。女性は自分自身の労働のリズムによってではなく、洗濯機や皿洗い機のリズムにふりまわされ、夫の出勤時間や子どもの通学時間にふりまわされてしまっている。インスタント食品をあたためるといった家事は、自給自足経済で自家製の食料で料理するのとまったくちがう労働である。ところが、こうした「疎外的な」労働をすることを女性は強いられている。したがって、「性差別」をなくすためには、まさに産業社会こそ批判しなくてはならないのであり、男女の性別に関係なく同一の労働を課し、賃金を払うという賃労働体制と、それに基づく商品生産体制こそ問題なのだというわけである。

産業化以前においては、男は男の、女は女の固有の労働の世界があり、それらは競争することなく相互補完的であった。そうした社会では女は男の仕事ができないからといって差別されることもなかったし、女の仕事に誇りを持っていた。今必要なのは、女が男と競争することではなく、女の仕事に誇りをもち自信をもつことである。それには今女性が強いられている経済的従属者＝シャドウ・ワークの担い手という役割を否定しなければならず、産業社会を批判しのりこえていかねばならないということである。

イリイチのヴァナキュラー・ジェンダー論はこのように読まれることにより、日本の良心的な女性解放論者に受容され影響力を持つことになった。すなわち、「近代主義」の限界を自覚しそれに危機意識を強く持つ女性ほど、イリイチのヴァナキュラー・ジェンダー論を受け入れる傾向があるのである。

もし、女性解放運動が「セカンド・ステージ」に入らざるをえない日本的状況を以上のようなものと把握するならば、今必要な女性解放論とは「女の自立」や「男女平等」を主張するのではなく、「女性の固有性」を自覚し、「女性固有の論理」によって産業社会を批判し変革していく理論でなければならないということになる。女性に対する抑圧は、自然に対する破壊や身体の抑圧と同根である。したがって女性解放運動は、自然や身体の復権を求めるエコロジカル・フェミニズムでなければならないというわけである。

八三年から八五年にかけて生じたこうした動向は、自然食運動、生協運動等、草の根的な社会運動に従事している女性たち(主に主婦たち)によって広範に支持された。エコロジカル・フェミニズムはいわば彼女等の代弁者であり、「近代産業主義」に対する強い反感・危機意識に基づいているだけに強い説得力を持った。

他方、女性解放に対しすでに社会的発言をしてきた女性たちからは逆に、こうした動向に対し鋭い批判が相次いだ。女性解放がはじめて問題として論じられたのは近代においてであり、その近代の持つ人間解放思想を放棄してしまっては、女性の解放はもとより、障害者、老人、子ども、第三世界といった、今なお人権を否定されている人々の闘いを放棄してしまうことになる、女性は近代主義者である必要があるというわけである。この主張は正当である。それにもかかわらず重要なのは、こうした主張が女性の「知識人」の間において優勢であったことであり、より社会的発言力の弱い層の動向を必ずしも反映したものではなかった点である。

近代主義対反近代主義は、イリイチのジェンダー論が日本に紹介されるにつれて、女性解放論の最大の論点として、あたかも踏み絵のように浮かびあがってきた。女性解放論者は、自分が近代主義者か反近代主義者か信仰告白せねば議論が続けられないかのような状況がうまれてきた。

だが、この対立はけっして新しいものではない。この対立は実のところ何回もくりかえしあらわれてきた対立の再生にすぎないのである。いま女性解放論は確かに「セカンド・ステージ」に立っているのかもしれない。だが、その「セカンド・ステージ」は、家庭か仕事か、伝統的女性像か女性解放か、反近代主義か近代主義か、自然か文明かといった対立の、単なるくりかえしであってはなるまい。それらの対立の批判的のりこえこそ、めざされているのである。

本章では各論点にそって個別に問題を見ていき、これらが一方の選択が他方を否定するような対立軸ではなく、それらの相互関係がより複雑に結びついたものであることを示そうと思う。そうすることによりはじめて、女性解放論は「セカンド・ステージ」に入ることが可能になるのではあるまいか。

2 「家庭の重要性」と「男女の分業」

フリーダンの『セカンド・ステージ』[1]があくまでアメリカの女性解放運動の中で提起されたものであることは誰もが承知しているのに、その言葉は日本にも大きな波紋を投げかけてしまう。しかも、フリーダンの主張の真意とはまったくかけはなれた効果を及ぼしてしまう。前述したようなフリーダンの『セカンド・ステージ』の解釈は、彼女の主張の解釈としてはまったく誤っていることは明らかである。フリーダンは「やはり家庭は必要だ」と言ったかもしれないが、それは男女とも職業的活動に就くことを前提とした上で、その時そうした男女が家庭を営みうるように社会体制——労働時間や就労体制——を変革する必要を主張したのであり、「やはり女は家庭にいるべきだ」と主張したのではない。

それにもかかわらず、フリーダンの主張が日本でこのように解釈されてしまうのは、もともと女性解放運動に好意的でない男性たちの意識的な読みかえを別にすれば、アメリカの経験を日本の女性の進路を決定する上での教訓として位置づけ、その轍は踏むまいとするからであろう。フリーダンの主張そのものはどうあれ、「アメリカの女性は職業的に成功しても幸福にはなれなかった」のだという「事実」、「アメリカ社会の解体や家族崩壊」という「事実」がアメリカの女性解放運動の失敗を示すものとして受容される。「アメリカの女性に比較すれば日本の女性は幸福である」、「アメリカに比較すれば日本の家族はまだまだしっかりしている」といった日本診断がフリーダンの著書から様々に引き出される。

ここから、いま女性が手にしている「幸福」や「家庭」を手ばなしたくなかったら、女性の自立だけを目標とする女性解放運動などをやってはいけない、男と同等に社会的に活動し、経済的自立をめざすのではなく、今女性が行なっている家庭の仕事を大切にし、その価値を認識しなければならないという意見が生み出されるのである。

しかし、日本とアメリカを単純に直線上においてよいのだろうか。こうした議論のたて方は基本的に誤ってはいないだろうか。

たしかにフリーダンは家庭の大切さを主張している。だが、「性別分業」が意識的にも現実的にも強固な日本では、このことは別の読まれ方をしてしまうのだ。すなわち、フリーダンはあくまで男女の問題として家庭の大切さを主張しているのに、日本においては、はじめからしまいまで女の問題として位置づけられてしまい、女は自立をめざすべきであるか、女は家庭を大切にするべきであるかという議論としてうけとられてしまう。そこには男性を含めた問題として「家庭」の危機を認識しようという姿勢が決定的に欠けている。そうした土壌がないということ自体、問題なのではあるまいか。

明確にしなければならないのは、「家庭の重要性」の指摘と、「女が家庭内の役割をになう」ということの主張とはまったく別のことだということである。「家庭」が重要であると考えていても、「男女が平等に家庭内の役割をになうべきだ」と考えることもできる。フリーダンの主張がこの方向であることは明白である。また、「女が家庭内の役割をになうべきだ」と考えている多くの男性は、本音では「家事はあまり重要な領域ではないから、女がやるべきなのだ」と考えているのではなかろうか。もし本当に男性が「家庭」を大切に思うならば、自らそのなかの役割をになうはずだから。

ところが、女性＝家庭というイデオロギーが非常に強い日本の状況の中ではこうした議論がほとんどなされず、ただ、女はどうすべきなのかという枠内で、既存の男性の労働形態や生活のあり方は不問に付されたままに終始する。「家庭の危機」は女性の就労とのみ関連づけて論じられ、男性の労働形態、生活形態と関連づけられることがほとんどない。男性の労働形態、労働条件を固定的に考えたまま、女は「男並みに働くべきなのか」「家庭の中の役割を大切にすべきなのか」と問い返すだけであり、女が「外に働きに出ること」すなわち「家庭を大切と思っていないこと」とされてしまうのである。

しかし、かりに「家庭」の重要性を認めるとして、その重要性が真に認識され「家庭が大切に」される社会を作っていくためには、女が家庭内の役割を一手にひきうけていていいのだろうか。たいていの女は「家庭」の大切さを充分すぎるほど自覚している。それゆえ子どもの危機や家庭の危機が叫ばれるとすぐに自分の行動を反省し、「家庭に帰らねば」と思うのである。だが、ほとんどの男性はそうは思わない。単に「女は家庭に帰れ」というだけである。乳幼児を預けて働く女のほとんどがそのことに痛みを感じつつ、終業すれば子どものところにとんで帰るのに、働いている男のほとんどがそうした感情を持ったことがない。それゆえ深夜までの残業とか出張とかを平気で行なえる。そして、それがあたりまえのような労働環境を受容し作りあげている。そして、女は家庭責任があって「一人前」に働けないからと雇用や待遇を差別する。

だが、家庭生活を営むおとなで家庭責任を持たない者などいるだろうか？　男が持たないとしたらそれはとんでもないことなのではなかろうか。「家庭」が人間の生活において本当に「重要な領域」であるならば、それに男性が責任を持たないとしたら、それは「家庭」を放棄したに等しく、人間として「大切なこと」を欠いているのではないか。そして、社会がそのような男性の労働形態を許容しているのみならず、それ以外の形態を許さないとしたら、そのことこそまさに「家庭の危機」を生み出しているのではなかろうか。「女性の自立」が「家族の危機」を生んでいるのではない。「家庭責任を持たない」「持ちえない」成人男性を大量に生み出している現代の労働形態こそが、そもそも「家庭」を崩壊に追い込んでいるのである。

たしかに、「外で大事な仕事をしている」男性が、「家庭の中のこと」まで心配しなくてはいけないのは、やりきれぬことかもしれない。多くの女性は「男は外で充分仕事をやってほしい。だから迷惑はかけられない」と考えている。だが、もしそういう考えを持っているとするなら、それは本当のところでは「家庭の大切さ」など認めていないのである。「家庭の仕事などは男の仕事に比較したら大事ではないから、女がやるべきだ」と考えているのである。こうした考えがある限り、女性がいかに家庭の内にとどまったところで、「家庭の崩壊」は食いとめられはしないであろう。

ところが、こうした議論は、日本の女性解放論の伝統の中ではほとんどない。たしかに、日本の女性解放論は、女が賃労働に就労し、経済的に自立するだけでは問題は何も解決されないことに「常に」気づいていた。子どもに対する世話、老人や病人の世話、生命を産み出し死をみとること、こうしたことが「お金を稼ぐ」ことよりも大変な労働であり、しかも人間にとって本質的なことであることに気づいていた。だからこそ、単に男と同じように働けることだけを目標とする女性解放論の限界は「常に」指摘されていた。

けれども、そうした女性解放論に対する批判が「常に」たちもどるのは、女の仕事の領域の「独自性」の主張であった。家事や育児は単に簡単にしたり、「外」にまかせたりしてなくしてしまえばよいというものではないということに「気づいて」いながら、なぜかそれは「女の独自の仕事」として位置づけられ、女の問題として「常に」議論されてしまい、男をも含めた労働形態に対する批判には結晶化していかないのである。

アメリカの女性運動の主流がめざしたものは、より直接的な「男女平等」であり、女性が社会的・職業的に成功することであった。その限界性は、伝統的な日本の女性解放論からは明々白々である。「男並み」志向にはしるあまり、女性の果たしてきた役割の重要性に対する自覚がなく、女の生の豊かさを感受する能力に欠けている。それゆえ、そうした従来の女性の仕事の領域を放棄した時どうなるのかということに対する危機感がない。フリーダンの『セカンド・ステージ』の提唱は、日本の女性解放論の土壌の中では「あまりにも当然の帰結」でしかなかった。

だがそれにもかかわらず、アメリカの女性解放運動が男性を含めた社会に対しなしえたことがいかに大きかったことか。フリーダンの著書『セカンド・ステージ』の中で一番印象的なのは、そこに描かれた子どもをかかえて苦闘する多くの男たちの姿である。私たち女が、共稼ぎの中で汗をながし、心の痛みを感じてきた数々の体験が、多くのアメリカの男たちと共有されているのを見る時、それは私たちには実に新鮮な共感を与えるのである。

たしかに、アメリカの状況は楽観を許さない。社会解体や家族解体が、どんな苦悩を生みだすか予測はできない。だが、フリーダンの主張——男女が平等に働きながら「家族」に共同して責任を持てる条件を、労働時間や労働形態の変革によってつくり出そうという主張——が受容される素地は充分生まれているといえるだろう。

日本の女性解放論の主流は、「家庭」や「育児」や「老人介護」の重要性をくりかえし主張してきた。が、それはけっして社会全体の変革の必要という合意をつくり出すことはなかった。「女の仕事」の重要さをいくら主張しても、それが「女の」仕事として位置づけられている限り、「仕事」というかくれみので逃げ続けている今の日本の男性たちにまで、その声をとどかせることはできなかったのである。

3 女性原理と男性原理

女が行なっていることの「大切さ」を主張することと、それを女の「独自性」「固有性」として位置づけることは別のことであり、この二つの主張が矛盾しあう側面も持ちうることを認識することは非常に重要である。なぜなら、まったく同じような構図が「性別分業論」を超えた文化批判、近代産業社会批判に関しても描けてしまうからである。

六〇年代・七〇年代の女性解放運動は、女性のアイデンティティ確立の運動、文化運動としての側面も持っていた。近代社会において女性はあくまで他性であり、劣等な性とされてきた。女は能力がない、女は勇気がない、女は闘わない、女は自己主張しない等々……。そうした女性の劣等性こそが、女性に対する差別の原因なのだとされてきたのである。そして従来の女性解放論の多くは、こうした女性は劣等であるという定義に対し、それを偏見だと位置づけ批判した。女が能力がないなどとどうしていえるのか。女性は能力を発揮できる場を与えられてはいない。そうした状況をそのままにして女性の能力を否定するのは誤っている。たとえ現在女性が能力が劣るとしても、それは女性をそのように社会化してきた社会の問題なのだと。

だが、このような批判は妥当な主張だとはいえ、まさにそれゆえに女性を男性の枠でもって評価するようにしくんでしまう結果となる。女は能力があり、勇気があり、自己主張が強く、戦闘的である――。たとえそうだとしても、能力があること、自己主張の強いこと等々だけが人間としての価値なのだろうか？　有能で自己主張の強い者は、しばしば他人に対するおもいやりや共感能力に欠けるものである。そして、女性はこの社会の中で正しく評価されてはいない、そうした徳性を持っているのではないか。そうした女性の「独自性」を評価せずに、男性に対して劣等ではないということの証しだけを求めることは、逆に男性支配を認めてしまうことになるのではないか。

であるならば、女性のアイデンティティの確立は、女であることの受容と評価から出発せねばならない。女は、男性のようになろうとしてはいけない、女としての積極性を認め、それを核として自己のアイデンティティを確立していかねばならないのではないか。

そして、そのような視点から社会を見た時、人間を企業にとって都合の良い能力だけで評価したり、身体や自然を「支配する」ものとだけ考えている現代社会の価値基準のおかしさが見えてくることになる。女性は産むという自然の課した身体機能を備えているがゆえに、自由意志で自己の身体を「支配」することは完全には可能ではない。自己の身体でありながら、その身体が子どもをはらむ時、もはやそれは自己の「所有物」なのではなく、自然の一部であることがありありとわかるのである。だが、「精神」によって自己の身体を統御できないとしてもそのことはけっして屈服でも屈従でもなく、まさに、女性にとって子どもの生命をはぐくむという意味での喜びを与えてくれるものでありうる。人間は身体や自然を「支配」したり「統御」したりする存在であるだけでなく、また本来、身体であり自然でもあるのである。しかし、現代社会では女が産むという自然の課した身体機能を備えていること自体がマイナスの価値評価をされる。それは自然や身体に対して「支配」し「搾取」することだけを考えている現代の文化が誤っているからだというわけである。

そして、このような批判は産業社会が生み出した様々な問題、公害や汚染、自然破壊、過度の競争等に向きあうとき、それを説明する理論として位置づけられる。すなわち、近代文明が、「感性や直感や身体を知の領域に組み込むこと[2]」なく「理性」「技術的な合理性」一辺倒できたことが、女性や自然や身体や感性への抑圧として出現したと理論化されるのである。そして「理性」や「技術的な合理性」は「男性原理」であり、そうした「男性原理」以外に「感性や直感や身体を含みこむ知」、「女性原理」が必要であると主張される。「女性原理」の総括こそ、これら近代の矛盾を解決する鍵というわけである。それゆえ女性解放運動はエコロジー運動と手をつなぐことができるばかりか、女性解放運動はエコロジー運動でなければならないという主張が生まれる。

このような主張は、現代の日本の女性解放論の潜在的な主流である。むろんこうした議論を理論として展開しているのは青木やよひ氏などごく少数の論者である。ゆえに、この論を主流と定義されることは、青木氏らの本意とすることではないかもしれない。だが、充分に理論化されなくとも「直観」的に多くの女性がこうした「理論」を持っているのである。そして、こうした主張は青木やよひ氏が否定しようとする、「ウーマンリブ」運動の主張の大筋とも重なりあうものであることは別のところ（本書第Ⅱ部参照）に書いた。

多くの女性が「直観」的にこうした理論を持っているということは、青木氏の理論枠組にとっては「積極的」に位置づけられることであろう。新しい知の形態は、身体や感性や直観をも含みこむべきものであらねばならないらしいから。だが逆の見方をすれば「直観」ほど当該社会の「常識」や「習慣」を前提にしているものはない。「直観」が論理的操作を経ずに私たちに何らかの知見を与えるのは、その論理的操作の部分が前意識的に行なわれているからである。それゆえ「直観」はまた「伝統的」であり「保守的」である。多くの女性たちが理論化される以前に先述したような女性解放論を持ち、また受容していたとするなら、それはそれこそが私たち日本の女性にとって受容しやすいものだからであり、それゆえ日本の女性解放論の限界をも形づくっているものなのである。

「直観」は大切である。だが「直観」を理論化していくためには「直観」にたよるのではなく、その「直観」を成立させている前意識的論理的操作、すなわち文化の装置とか知の制度とか言われているものを徹底的に対象化していく作業が必要である。そうすることなくしては、理論は特定の文化的社会的文脈からのがれられなくなってしまうであろう。

先述したような内容の主張は、女性のアイデンティティ確立に際しての「罠」の指摘や自然や身体に対する近代産業社会の「抑圧」「搾取」の指摘という点において説得的であり的確である。だが、その原因を近代産業社会における「女性原理の否定」に求める「理論」は、「女性原理の復権」という実践的結論を提起する時、現代日本社会に貫徹している前提を対象化することなくそのまま再生産する結果となる。青木氏らのエコロジカル・フェミニズムの提唱が男性にも女性にも受容されやすいのは、それゆえである。そのことを的確に把握することなく主張することは、逆説的にもまさに近代産業社会の自然や身体に対する「抑圧」や「搾取」のシステムを「補完」する結果となるのである。

この社会で女は他性である。言いかえれば、女性は男性に対する性として有徴なのである。現代社会のもっとも根源的な「性差別」とは女性の劣等性神話などではなく、劣等と定義されようが優れていると定義されようが、女を語る時必ず「女として」位置づけざるをえないというそのこと自体である。「男ではなく女が有徴である」という形での「性差別」は現代社会の文化装置に深く組み込まれており、私たちが語るすべての言説において効果する。

女性は自分が女性であることを常に意識せざるをえない。男性にとって自分が男であることは男女問題に関してのみ意識すればよいのに、女性は子どもに対しても自然に対してもモノに対しても仕事に対してもそれにむきあう自分自身を「女の気持ち」とか「女の論理」とか位置づけることを要求されている。女性は主婦であろうと独身であろうと職業人であろうと、女性であることを意識し、自分の行為について自己言及していかねばならぬしくみになっている。「女のくせに」「女であっても」「女であるならば」「女だからこそ」等々。こうした文化装置が偏頗な形での「女性問題」という問題の提起を生み出している。先述した女性のアイデンティティ確立の困難性も、こうした文化装置の効果することなのであり、女性に帰せられる属性が劣等であるか優れているかという問題なのではない。いくら女性性の内容が肯定的に評価されようとも、女が有徴であり、男に対しておのれの位置を言表しなくてはならないという前提がある限り、単に女性性の神話を再生産することにしかならない。

「女性原理」にしても同様である。一般に現代社会の中で女性はおかれている位置ゆえに周辺的な属性を付与されている。感情的、感性的、直観的等々……。これらの内容を「女性原理」として肯定的に評価したところで、男に対して位置づけることでしか女を語れないという文化装置は、基本的に変化していない。そして逆に、現代社会で周辺的とされている属性の積極的評価を主張するためには、これらを「女性原理」とすることはマイナスの効果を持ってしまう。なぜなら、「女性原理」とは必ず「男性原理」との関係でしか定義されえず、そうした補完的な位置にあるものとされてしまうからである。

自然破壊や身体に対する抑圧をひきおこした近代産業社会を否定するには、単に補完的な原理として「女性原理」を導入するだけでは不可能である。近代産業社会の中核はそのままにしておいて、産業社会の利潤追求の原理からは非効率的な福祉や子どもや自然の領域にだけ「補完的」な「女性原理」を導入することは、子どもや障害者や老人の問題、また自然破壊の問題が産業社会それ自体により生まれている側面を持っていることをおおいかくすがゆえに犯罪的である。

むろん、青木氏らエコロジカル・フェミニストはそうしたことを主張しているのではあるまい。彼らは「女性原理」によって近代産業社会の「男性原理」を置きかえることを主張しているのであろう。だが、女が有徴であるという文化装置の前提を明確化しないまま「女性原理」の復権を主張する時、その主張はあくまで男性に対して自己の位置を確認する女の「独自性」「固有性」の主張として読まれてしまい、「独自性」「固有性」ゆえに「補完的なもの」として位置づけられてしまうのである。

それは女性に対してはまた一つ自己をしばる神話性をつけ加えるにすぎず、産業社会に対しては「補完原理」を与えるにすぎない。ゆえに、「女性原理」なるものが社会全体の統合原理にならねばならないとするならば、それは女の「独自性」や「固有性」とは無縁のものとして主張されねばならないだろう。「もし女だけが女性原理の担い手になるという特権もしくは不公平を排するとすれば、男もまたこの女性原理へと招き入れられるべきであり、だとすれば、最終的には、性隔離の垣根はとり払われることになる[3]」。

ところが、多くの「女性原理」賞揚者は、「女性原理」の重要性を主張することと、それを女性の「固有性」「独自性」として主張することの間の矛盾を認識しておらず、むしろ「女性原理」を女性固有の身体的、生理的な特徴、実際の性差によって根拠づけようとしている。確かに女性は「産む」といった行為あるいは身体的機能により、自分が「精神的存在」であるだけでなく、また「自然的」「身体的」存在であり、そのことがけっして人間の敗北とか屈辱を意味するものではないことをよく知りうるチャンスに恵まれている。だが、だからといって男性は「自然的」「身体的」存在ではないというのであろうか。男性がそのことに気づいていないとすれば、そのことこそが問題であろう。

逆に、女性は「自然的」「身体的」存在として、そのまま賞揚されるような存在であろうか。女性解放論が常に問題にしてきたように、「女は女として生まれるのでなく女につくられる」のであれば、女性もまた文明によって作られた存在であり、またそれゆえ、文明の担い手であったのである。男だけが近代産業社会の担い手であったわけではなく、女もまた非常に重要なその一員なのである。そのことに対する自己批判なくして近代産業社会の諸矛盾を真に理解することは不可能であろう。ゆえに、男女に文明―自然という対立を担わせる近代産業社会のイデオロギーに対する批判なしに、近代産業社会を批判しきることはできない。

女が自己の「独自性」や「固有性」を言表し言明せねばならぬという女の有徴性を批判することや、男＝文明、女＝自然というイデオロギーを批判することは、本来あるかもしれぬ性差の存在を否定したり、その性差を無視して社会構想を考えたり、ましてや女性の身体的な特徴を無視し、現在の男性の労働条件と同じように労働することを主張することとは何の関係もない。性差を論じないことは、性差の存在を否定することではなく、ましてや性差を無視して社会構想を考えることとはまったく別のことである。それは性差を論じることが、その問題のたて方自体性差の存在を導出しがちであるとしても、性差の存在を肯定することとは一応独立であり、ましてや性差を「最大にする」ことを社会構想として考えることとは別であるのとまったく同様である。

ところが、エコロジカル・フェミニズムの論者の一部にはしばしばそうした自覚が欠けている。エコロジカル・フェミニズムの主張は、特定の内容の性差の存在を肯定し、そのことを評価し、それに基づいて特定の社会構想を行なっている。ところが、そうした問題のたて方を無自覚なままにしているため、自らの主張が前提としている特定の性差観を、実証的な性差研究によって根拠づけられるものとしてしまう。その時その主張はその良心性にもかかわらず、イデオロギー的機能を果たす。たとえば、エコロジカル・フェミニストの多くは自然に対する価値評価から、女性は自然や身体に対する親和性が高いという性差観を肯定するのであるが、それを本来の性差として位置づけてしまう。その結果、男性＝文明、女性＝自然という近代社会のイデオロギーをそのまま肯定してしまうのである。その結果、自らもっとも求めようとしたはずの「自然や身体の復権」という課題にまで逆説的にも反してしまうことは、先にのべたとおりである。

なぜなら、日本社会は女が伝統的に女の領域とされている領域にとどまる限り、その女性に対して一貫して高い価値を付与してきたからである。日本における倫理観は状況的である。場の論理、状況の論理をこえた、普遍的な価値にもとづく倫理観を日本社会は欠いており、個人の属性や所属集団、また個別的状況に応じて別々の価値判断を下すことを大幅に許容している。女が女の領域において何かを主張したとしても、それが女の領域に留まる限りにおいて一応尊重することは男にとって何の危険性もない。女性の劣等性が強く主張されるのは男性と競合する領域においてのみであり、そうでない領域において女性の「固有性」や「独自性」が賞揚されても何も問題はない。こうした意味においてエコロジカル・フェミニズムの主張は、男性にも簡単に受容されてしまう。だが、もし、この主張の受容がこのようなものであるならば、それは「女性解放」にとっても、「自然や身体の復権」という課題にとってもけっして有効ではありえない。

4　イリイチのヴァナキュラー・ジェンダー論批判

先述したような日本における女性解放論の論理水準の甘さは、イリイチのヴァナキュラー・ジェンダー論[4]の安易な受容を招いてしまう。しかし日本の女性解放論の主流の限界性は、その認識の一面における的確さにもかかわらず、論理展開上において日本文化の枠にはまってしまうという、いわば不徹底性ゆえのものである。それゆえその問題意識の良心性は充分評価できるのに対し、イリイチのヴァナキュラー・ジェンダー論は近代における女性解放運動に対するまったく誤った認識を流布するという点において、許しがたい性格を持っている。そのためイリイチのヴァナキュラー・ジェンダー論の主張は、必ずしもエコロジカル・フェミニズムなどの日本の女性解放論の主流の主張の有効な展開には一致しない。そのことに対する充分な認識なしに、自らの所説の一部に「理論的」権威づけを与えてくれるものとして、イリイチの所説を安易に持ち上げることは大変危険なことである。

イリイチのジェンダー論はアメリカのフェミニストからは総攻撃を受けたにもかかわらず、日本においては広範に受容された。それはイリイチの所説の中に、産業社会に対する反感、「男並み」志向のフェミニズムに対する反感、「性の解放」に対する反感等を嗅ぎつけることができるからであり、それが日本における女性解放論が伝統的に持っている共同体志向、反近代主義的傾向、反個人主義的傾向に合致したためだと思われる。（むろん、こうした傾向が一貫して日本の女性解放論の主流を形成しているとしてもその内容は多様でありうる。上野千鶴子氏は日本の女性解放論の特徴を母性主義に求め、それを日本的集団主義、日本的共同（体）主義のあらわれとして位置づけているが、[5]六〇年代後半以後の日本の女性解放論の主流は少なくとも表面的には母性主義的主張を著しく弱めている。特に戦前の母性主義的主張が持っていた国家主義的、優生思想的色彩は現在の女性解放論にはほとんどない。そして共同体志向を国家という共同体に収斂させるのではなく、地域社会とかコミューンといった次元の共同体に志向しており、母親の役割を自分の子どもに対する役割に限定するのではなく、他の子どもたちをも含めた次世代に対する役割として、より広く位置づける等の新しい展開がみられることは評価すべきである。だが、そうしたことを留意した上で、現在の日本の女性解放論もまた、共同体志向的、反近代主義的傾向があるといいうる）。

それはたとえばエコロジカル・フェミニストに顕著な自然志向、反産業社会志向に明確に見ることができる。彼女らの主張は基本的方向としては前産業社会の共同体の生活をこそ解放のイメージとして結晶させており、「反近代」「反科学」的志向を明確に持っている。それゆえ前述したようなイリイチの所説の中にみえかくれする論調に反応しやすかったと考えられる。だが、だからといってイリイチの所説をこうした主張に根拠を与えるもの、権威を与えるものとして安易に受容するとすれば、それはイリイチの所説の次のような性格を認識していないからである。

第一にイリイチのヴァナキュラー・ジェンダー論の理論水準は、論理的にも、資料的裏づけの点でもけっして根拠づけ、権威づけに使用できるような水準に達してはいない。それをもし現実を説明する「理論」としての水準で見るならば、論理的展開が完全に欠落している点、資料引用の恣意性[6]といった点でまったく不完全な「理論」である。むろん、新たな概念装置を提起し、物の見方を変えるというのも「理論」の重要な側面であるとするなら、その意味でイリイチの「理論」は評価できるかもしれないが、その時はイリイチの所説を有効なものとするために、引用者自身によるかなりの「理論化」が不可欠であり、簡単に引用すればすむといったものではない。

むろん、イリイチ自身ヴァナキュラー・ジェンダー論の展開は「科学」ではなく「詩」によって行なわれねばならぬと述べていることを文字どおりイリイチの所説にも適用して、こうした側面からの批判を「無効」とすることもできる。多くのエコロジカル・フェミニストは「科学」に反感をいだいており、それゆえ「社会科学の常識」からのこうした批判を退けたい志向があることもわかる。だがそれならばなおさらのこと、イリイチの所説の引用が通常の論文におけるのと同様な形での「根拠づけ」や「権威づけ」として読まれることをさけるべきであろう。

イリイチのヴァナキュラー・ジェンダー論自身にも同様のことがいえる。彼は非常に多くの文献を科学的論文を含めて注に挙げているが、それらはイリイチにとって、「発想」を与える以外の役割は果たしていない。多くの科学的論文を参照として挙げているからイリイチの所説は正しいのだと思ってしまうとすれば、それはまったく誤りであるし、そうした印象を与えるイリイチの書き方も問題がある。

第二に、イリイチの所説は前近代的共同体を「解放イメージ」として志向するエコロジカル・フェミニストとは別であるという点があげられる。エコロジカル・フェミニストの多くはイリイチの所説にみえかくれする産業社会に対する反感を実践命題的に読み込み、女性解放論の求めるべき方向として提起しようとする。だが、イリイチは反感は示していても、けっして実践的価値命題を提起してはいない[7]。それゆえ、イリイチの所説は自然回帰的なエコロジカル・フェミニストに受容されるだけではなく、まったく別の立場に立った反フェミニストにも受容されてしまう。反感といったニュアンスの提起することがらと、「理論」(ここでは概念装置)が提起することがらとは別なのである。

第三に、イリイチの所説の中に提示されている女性の問題状況については、明確に認識の誤りがある。彼が基本的に主張するのは次のようなことである。すなわち、フェミニズム運動にもかかわらず、現代においても女性の社会的地位はほとんど向上しておらず、女性固有の領域がなくなったという点においてはむしろ、女性は相対的に力を失ってしまっ

たというのである。(8)

まず、彼のいう公表された経済、すなわち女性の被雇用者としての労働の次元における差別をみてみよう。そこでの彼の問題の立て方は、『脱病院化社会』(9)において彼が提示したのとまったく同様のやり方で人々にショックを与える。イリイチによればアメリカの女性の対男性賃金比率はこの百年間変化していないという。(10)このことはイリイチによれば、産業社会こそセクシズムの温床であるという「証拠事実」になるらしい。だが、この統計はたとえ正確だとしても(統計というものの性格を良く知る者にとっては、百年前と今日と同様の基準で統計がとられていたと考えることはとても困難であるが)これを女性運動の非力、もしくは誤りを示すものとして読まれるならば、まったく悪質な統計操作といわざるをえない。

なぜならば、この百年間に女性の労働力率は五%から五一%に上昇しているとイリイチも述べているからである。女性が産業社会において出産・育児という重荷を背負うゆえに職業労働にとって不利であることは誰もが承知している。それが産業社会のセクシズムであるということはイリイチ以前のこれまでの女性解放論のほとんどが主張し展開してきたことである。五%の労働力率のとき働いていた女性は、その大半は楽に働ける環境にある(独身女性等)女性であったにちがいない。現在働いている女性の大半は家事・育児をその肩に背負っている既婚女性である。一般に悪条件にいる者ほど、職業に参入するとき、低い賃金にならざるをえない。労働力率が五%から五一%になったということは、非常に悪条件下の女性まで働き出しているということである。それゆえ、統計にあらわれた女性の対男性賃金の比率は女性に対する待遇が不変ならば、労働力率が上昇すればむしろ低下する傾向を持つ可能性がある。また、女性の労働力率の急速な変化は女性労働者のかなりの部分が新規参入者であることを示す。一般に新規参入者は企業規模その他において不利な労働条件を強いられるであろう。また、労働市場における女性の不利な位置は、産業社会が原因であるというより家父長制が原因であるという主張もある。

これらのことを考慮しなければ、女性の将来の対男性賃金の比率が同じであると予測することはできない。将来、女性も男性とほぼ同じ程度に労働力化すれば、育児は女性の肩にのみ背負わすことはできず、男性もまた育児責任を持つこととなり、もしそうなれば、男性の労働力としての価値は低下するにちがいない[11]。そのとき男女の賃金比率がどうなるか、予測はむずかしい。

統計的資料は「事実」を語らない。数字は解釈されてはじめて「事実」となる。イリイチのこうした統計的資料の引用はそのことを無視し、イリイチの「解釈」による「事実」であるのに、それを見えなくさせている点で、語の古典的な意味でイデオロギー的である。むろん、このように本章で書くからといって本章が「女性解放論は男女がまったく同様の労働を担う社会だけを解放イメージとして持つべきだ」と主張するわけではない。明らかにしたいのは、解放イメージは「事実」からは導出されないということである。そのことを無視して、現在の女性運動が「事実」からして誤っているという印象を人々に与えることは非常に悪質である。

こうしたイリイチの所説における女性の現況に対する誤りは、シャドウ・ワークという彼の概念によっておおいかくされている。彼は近代産業社会における女性の従属をユニセックス化とシャドウ・ワークによって説明しようとする。労働がユニセックス化することで、男性は賃労働、女性はシャドウ・ワークを担うこととなり、それが女性を従属的位置におとしめているというのである。

この主張は労働のユニセックス化がなぜ男女のいわゆる性別分業を生じさせるかを論じていない点で決定的に不充分である[12]。ユニセックス化とは男女の区別がなくなる方向になることをいうのであろう。なぜそれが「男は賃労働者、女は主婦」という性別分業をもたらすのか。この問いは説明されねばなるまい。ところがこのことはまったくイリイチの中に展開されていない。こうした意味でイリイチの論は未完成である。

実際、賃労働におけるユニセックス化といわゆる性別分業の成立との間を論理的に媒介するものは、イリイチの概念枠組の中には準備されていないのである。なぜならイリイチは女性の出産や育児という活動をまったく論じていないからである。出産や育児こそ、女性が賃労働者となることを困難にさせ、それゆえ専業主婦という存在形態を産業社会において成立させ、女性がイリイチのいうシャドウ・ワークを担うべきであるという一般的期待と規範を強化させている重要な環であることは、いうまでもなかろう。現代の性別分業体制を論じる上で、出産や育児を論じないということは、まったく問題の所在を見誤るものである。

もし、イリイチが出産や育児をいわゆるシャドウ・ワーク概念の中で論じきれるとしているならば、それは誤りである。なぜならシャドウ・ワークとは商品やサーヴィスの消費が必要とする労働と定義されているからである[13]。たしかに出産や育児において現代の女性は様々な商品やサーヴィスを消費する。だがその消費だけが出産や育児という労働なのではない。妊娠時のつわりや身体的負荷、出産時の陣痛は消費の課すものではない。育児においても、たとえ紙おむつや粉ミルクを使用したところでその消費が課す労働はたかがしれている。育児の本質は四六時中の注意ということであり、これはいかに産業化が進展しようと不変である。出産や育児という領域で果たしている女性の役割はシャドウ・ワークという概念では説明しきれない。そして、女性がイリイチのいうシャドウ・ワークの主たる担い手になりその変更が容易でないのは、出産・育児により賃労働者化が困難だからであろう。

もし、女性の行なっている「主婦労働」がイリイチのいうシャドウ・ワークだけならば、女性が「主婦」であることはまったく必然的ではない。実際、現在消費に伴う労働、いわゆるシャドウ・ワークは増大しこそすれ、自給自足的な家事労働が大幅に減少したことにより女性の賃労働者化を妨げる要因にはほとんどなってはいない。たしかにいわゆる家庭の電化は必ずしも家事の「省力化」を招かないことは明らかである。なぜなら、従来外部化していた家事労働をも家庭内で処理したり、家事に対する要求水準を増大させたりするからである。[14] 洗濯機の普及は、衣類の増大や清潔さに対する要求水準の上昇などにより、必ずしも家庭における洗濯という家事労働（シャドウ・ワークであるとしても）時間を低下させてはいないかもしれない。だがそれは、自給自足経済において女性が衣服の管理に費した労働時間の大きさに比較すれば大したものではない。

イリイチは女性が「家庭の外で職をもっても、シャドウ・ワークの量は減りはしない」し、「それを拒否しようとすると、ますます残酷な罰が加えられる」[15]と述べているが、現代の共稼ぎ家庭の多くでは、男女協力して、いわゆるシャドウ・ワークを分担している形態を見ることができる。シャドウ・ワークが女性の肩に担わせられているのは、神の命によるのでも、法によるのでもなく、個々の夫婦関係のあり方によるのであり、それゆえ女性がそれを「拒否」することはできるし、充分に変更可能なのである。夫以外の誰も、それを「罰する」ことはないのであるから。実際多くの男性が、こうしたシャドウ・ワークを行なっているのである。

実際、現代社会において、いわゆるシャドウ・ワークの存在は女性が外に職を持つことの妨げにはほとんどなっていない。女性が職業を放棄するもっとも多い契機は結婚よりも出産なのである。夫婦が子どもを持とうとするならば、現代社会ではどちらかが賃労働者であることをやめるという選択肢が当然考えられる。(むろん、その選択をしない共稼ぎ家庭が現在非常に増大しているけれども)。その時、女性は出産により数カ月は休職せねばならず、また賃金も男性よりも安いことが多いから、女性が離職する途がえらばれがちである。そしていったん「専業主婦」になったら、多くの女性は様々なシャドウ・ワークを一手にひきうけるようになるのが通常である。それゆえ、男=賃労働、女=主婦、すなわちシャドウ・ワークの担い手という図式が強化される。このような状況を前提として労働形態が組まれるからこそ、女性の労働条件は好転せず、また、女性は家事労働をするべきだというイデオロギーを強化することになる。

むろん、女性がシャドウ・ワークを主に担いがちになるのは、家事は女がやるべきだというイデオロギーの反映でもあり、それは女性が外に職を持ったとしてもなかなか変更されないものなのは、イリイチの主張のとおりである。だが、その変革が困難な最大の問題は、シャドウ・ワーク自体ではなく、出産・育児という活動にあることは明確である。男は仕事、女は家事という現代の性別分業体制をセクシズムとするならば、その変革においては、出産や育児をこそ、男女を問わず人間の活動の一つの重要な領域として確保していくことこそが、最大の問題である。その問題を論ぜずに単にユニセックス化を批判しても、解決にならないことは明確である。

出産や育児に関していえば、現在必要なのは、男女のユニセックス化の批判ではなく、むしろ、それが一方的に女性だけの仕事として位置づけられていることに対する批判である。子どもとの関わりあいは、単に労働としての側面だけではなく、人間の生活それ自体、生存のあり方それ自体に関与する重要な領域であり、「男はしなくてよいが、女はしなくてはならない」等のように、男女でどちらかにまかせてしまえるようなものではない。それがまったく認識されず、女一人の仕事として位置づいていることこそが批判されねばなるまい。

たしかに男女の同質性をイメージとする女性解放論の貧困さは問題視されるべきかもしれない。が、イリイチのシャドウ・ワーク論もまた、この観点から批判されねばならない。なぜなら、こうしたイリイチの所説は、女性の活動領域をシャドウ・ワークという消費次元の労働に矮小化してしまうからである。たしかにシャドウ・ワークの問題は教育や医療における人間の主体性の破壊を論じるには重要な議論である。また現代の家庭生活、消費生活の「不毛さ」を論じる上でも重要である。われわれの文明に対する根本的な懐疑をひきおこしてくれる。だが、女性の活動領域を、すべてシャドウ・ワークとして規定してしまうことは、現代女性の営む活動の内にふくまれている豊かな側面をも切りすててしまうことである。現代女性もまた過去の女性と同じく、子どもや老人と親しく深く関与しながら生活しているのであり、そこにおいては人間という自然に足をつけているのである。それゆえ女性の活動は、単にシャドウ・ワークとして否定されてはならない。なぜならその側面ゆえに、女性解放はまさにエコロジカル・フェミニストの諸氏の主張するごとく、自然や身体という次元にまで深く問題を提起できる内容をもっているからである。

　他方、イリイチのシャドウ・ワーク説は、多くの主婦の抱いている現代の主婦労働に対する疎外感を説明するような側面も持っている。たしかに、現代の主婦労働は消費社会の矛盾を直接に感じやすい位置にある。毎日生み出されるゴミの山、合成保存料その他の食品添加物、危険な洗剤、スイッチをおすだけのつまらぬ労働等々。現在女性の行なっている労働は、自給自足経済における衣食の確保といった実質的労働に比較すれば、実に下らぬものだというイリイチの説の中にみえかくれする反感は多くの主婦の実感であろう。だからこそ女性はシャドウ・ワークをしていると主張されれば、そうだと思いいたる。女性はタダで下らぬ労働をさせられている、産業社会の下働きをさせられているのだと同意するのである。

　だが、この「下らぬタダ働き」とともに女性はまた、家族成員の生活をつくりあげていることを無視するべきではない。現代の女性は「下らぬタダ働き」をしながら、また同時に、家族成員の身体的・生理的欲求をみたすことを通じて、家族成員と深く関わっている。人間という自然存在の身体的・生理的条件を知り、その限界を知り、生をはらみ死をみとり、人間の感情的・情緒的生活を知り、それに関与しているのである。その意味において、現代女性の活動は、より積極的に位置づけられねばなるまい。そのことを認識しなくては、充分にゆたかな解放のイメージはつかむことはできない。イリイチの論は一見女性の正当な怒りを反映しているようでいて、女性の現代社会で果たしている役割を矮小化してしまう。

以上のようなことを考慮するならば、安易にイリイチのヴァナキュラー・ジェンダー論に依拠して、自らの女性解放を展開することがいかに危険であるかということが明確になったろうと思われる。むろん、イリイチの暗示する「男女のまったき分業」という「解放イメージ」はわれわれの意表を突くものであり、それ自体の検討は必要である。だが少なくとも、イリイチの中に展開されている限りのそれは明確でもなければ、豊かなものでもない。

イリイチはヴァナキュラーな社会はまたジェンダーのある社会であったという。ジェンダーのある社会とは、男女がそれぞれ固有の労働世界を持つ社会、すなわち労働内容が男女という性別により明確に分かたれている社会を指す[16]。ヴァナキュラーな社会とは産業社会の対語であり、自給自足経済を営む社会を指す[17]。ここで自給自足概念は、どの範囲での自給自足なのかという、単位の特定を不可欠にするということと、前産業社会の共同体のほとんどが「自給自足」とはとうてい言えぬ経済活動を行なっていたことを指摘することは当然すぎるほど当然である。しかし、かりにこのことを考慮せずヴァナキュラーな社会という概念を認めたところで、なぜヴァナキュラーな社会はジェンダーのある社会なのかということは、イリイチの論の中にはまったく書かれていない。産業社会がユニセックスの社会であるということも同様である。

彼の論のすすめ方は、ジェンダーはユニセックスとはちがう、ヴァナキュラーとは産業社会とはちがうということだけをくり返しのべているにすぎない。実際これらはそもそもの概念設定がちがうということの上に可能になっているのだから、それをくりかえしてもトートロジーにしかならない。もしヴァナキュラーな社会はすべてジェンダーのある社会でなければならないことを論理的に明確にしたならば、それは非常に有効な理論となるであろう。だが、イリイチのヴァナキュラー・ジェンダー論はそのもっとも重要な点が欠落しているので説得力がない。

では一体、ジェンダーのある社会とは何なのか。男と女の固有の領域とは何なのか。イリイチは男女の本来的異質性、身体的・精神的な異質性を問題にしているのだろうか。一見、イリイチは男女は本来異質な存在であると主張しているように思える。だが彼は社会貫通的に男の仕事、女の仕事を特定できるとは主張しない。それどころか彼は、いずれの労働内容も普遍的に男性の仕事だとか女性の仕事だとか言うことはできず、社会によって男女の担っている労働内容は非常に多彩であると述べている。このことは男女の生理的・

身体的な相違からは、ただちに男女の労働の内容の分化を説明できないことを示している。

　しかし、このような彼の論述は、女は本来何々はできないなどと言うことによって女性解放論者のあからさまな怒りをまねくことをさける上では有効であるが、彼の論旨の上では矛盾となっている。すなわち彼はヴァナキュラーなものとは生得的なものであるとも主張しているのであり、そのことと、こうした社会による男女の労働の内容の多彩さの指摘とは矛盾するはずである。彼の論旨の一貫性の上ではむしろ男女の身体的・生得的水準での異質性をこそ強調すべきであろう。

　見田宗介氏はイリイチの主張は男と女が「異質なものとして対等である」ということを前提としているという点で正当な議論であると述べているが、[18]もしイリイチの主張を一貫したものとするならば、見田氏のように、男女の本来的異質性を前提としていると彼の主張を読むことが当然であるように思われる。

　たしかにイリイチ自身、男女の本来的異質性を前提として論じているように思われる箇所はある。たとえば彼は、身体的生命は女のみから生まれるものであるから、生活の場を単なるねぐらではなく、また物置きではなく独自な空間とできるのは女だけであると言う。これは女性の本来的家内性の主張のように思える。[19]それゆえ、女性は男性と同一の労働をさせられると、その独自な空間における固有の労働のリズムからひきはなされ、別のリズムに強制的に従わされるゆえに怒りを覚えるという。このことはイリイチが、産業社会において女性がいかに職業的に活躍できても幸福にはなれない、ということのひとつの背後仮説となっているようである。

多くのエコロジカル・フェミニストの主張も、女性の身体や精神は本来のあり方を、産業社会において阻害されているという形をとる。女性は自然のあり方を奪われている。だからそうしたあり方を強いる社会を批判しなければならぬというわけである。

むろん、本来の男女の異質性が何であるかということを論じることは困難なことである。なぜ女だけが家内性という本来性を持つのか疑問はつきないし、それはいかなる本来性を定義したところで同様の批判は免れない。また女性解放論の多くの主張は、単に女性が本来的なあり方を奪われているということを問題にしているのではなく、現存の性別分業体制では男も女も子どもも破壊されつくしてしまうということである。しかし、こうした問題はあるが、女性の身体的・精神的な本来の固有性が損なわれているという形での女性解放の主張は、それはそれとして一定の主張として成立しうるし、それなりに「誠実な」主張であり、一貫した論旨として読むことができよう。むろん女性の本来性という、なかなか論証できない、いわば「虚項」を論理の中に大幅にとり入れざるをえないということによる危険性を持っているけれども。

だが、イリイチのヴァナキュラー・ジェンダー論の主張は男女の本来的異質性を主張してはいない。彼は男女の労働内容は社会によってまったく多彩であることを認める。(20) すなわち生得的に女性に適した仕事とか男性に適した仕事とかを特定することはできないことを認めるわけである。だがそれにもかかわらず彼は、ヴァナキュラーな社会では必ず男女の労働内容が分化していることに注目し、その点に関しては社会貫通的であると主張するのである。

このイリイチの論の立て方は、彼の議論していることが男女それぞれにとっての本来性の回復といった個人の水準の問題ではないことを示している。彼が女性解放論の実践的命題を定立しているのではないことをここでも確認しうる。すなわち彼にとって問題なのは、ヴァナキュラーな社会の存立条件であり、そのもっとも有力な条件として、ジェンダーが挙げられたのである。

「男と女というジェンダーの分界線がそのパターンと傾向を定めているかぎり、この一体化可能な共同体は存続することだろう[21]」。すなわち、ジェンダーが男女の労働の内容を特定していれば、結婚した一対のカップルの個々の構成員としてのみ生きることはできず、また一個人の孤立した権利のみを追求することはできない。それゆえ、〈生活の自立と自足の倫理〉、〈道徳経済〉、すなわちイリイチのいう「ジェンダーの支配のもとでの上品さの感覚」を社会は持ちつづけることになるというわけだ。

だが、もしこうであるならば、イリイチの議論を実践的な方向で読み込み「解放イメージ」を提起する際には、次のようなことが指摘される必要がある。イリイチの主張が男女の本来的・本質的な差異の主張ではないとするならば、男女が別の労働に従事すべきだという彼の主張は、「解放論」としての根拠を欠くということである。それは女性にとっての「解放」論ではありえず、イリイチの評価する社会システムの成立のための条件にすぎない。

なぜなら、イリイチの論では男女はそもそも異質なのだという前提なしに、異質なものとしておいた方がよいということを評価することになるからである。異質なものとしておいた方がよいという判断は社会の成員たる男や女に根拠を持つのではなく、ヴァナキュラーな社会はよい社会であるという彼の価値判断に根拠を持っているのである。

このことは、男女の異質を本来的なものであると主張しないイリイチが、男女の労働内容の分化が固定的である社会において、一部の男女に労働適性の不一致を生じさせる可能性について論じることがないことにも明瞭にあらわれている。

もし「解放論」ならば、そもそも異質ではない男女が、社会によって特定の内容の労働を強制されることにより異質化されることの苦痛をどう考えているのか、が問われねばならない。ある社会では織物は女の仕事とされたとして、その仕事に適した女性も、適さない女性もいるであろう。逆にその仕事に適した男性もいるかもしれない。だが、男女が別の内容の労働を行なうべきだとすれば、その社会では織物に適さない女性も織物をせねばならず、織物に適する男性は織物ができない。他の社会では別の労働内容が男女にわりあてられているとするなら、この社会の男女の労働内容の特定化は、一部の男女に苦痛を強いることになる。苦痛の存在は、たとえ社会がそれにより「上品な感覚」を持ちえたとしても否定できるものではない。

それゆえ、イリイチの論述は現代社会のセクシズムを批判するなど、一見女性解放論を目的にしているように見えるが、論の実際の力点は女性の「解放論」ではなく、それはヴァナキュラーな社会を論じるための手段として位置づけられている印象をうける。もし仮にそうではなく、真に女性の「解放論」を正しく提起することを目的としているとすれば、先述したような問題をとりあげないのはおかしい。そしてもし、そうした問題を問いかけぬ理由は、イリイチが実のところ本来男女は異質であり、そうした問題などそもそもありえないと考えているためだとすれば、すなわちそれは、男女は本来それぞれ備わった資質や身体により特定の内容の労働に向いているのだと考えていることである。

であるならば、性別による男女の労働内容の完全な分割という「解放イメージ」の提起が、性別という身体的特徴によるところの役割の固定化ではないという印象を与えるような論述は、そうした決定論に対して予想される女性解放論者から総攻撃をさけるための口先のごまかしであり、方便にすぎない。また、このいずれであったとしても、このような多義的にとれる論述で論旨間の矛盾を糊塗するようなことは許されることではなかろう。

このようなイリイチの論述のあいまいさの多くは、現代社会の主婦労働を「社会的再生産」労働という規定から切り離し、シャドウ・ワークとしてのみ規定したことに原因を持っている。イリイチは、主婦の労働を「社会的再生産」労働と規定することは、主婦からシャドウ・ワークのむなしさへの認識を奪い、自らが産業社会の消費という不可欠の部門でのタダ働き労働をしていることに対する眼をくもらせ、「なぐさめ」を与える機能を果たしていると言っている[22]。たしかにこの側面はある。だが同時に、イリイチのごとく主婦労働をシャドウ・ワークとしてのみ規定することもまた、危険なことである。なぜなら、妊娠・出産等の「労働力再生産」に関わる領域こそ男女の本質的な差異の根本だからである。そのことを論じることなくして、現代における「性別分業」を単にユニセックス化として規定したり、前産業社会における男女の「性別分業」をあたかも出産や育児といった領域から独立した「自由な」形態であったかのごとく述べることは、問題の真の把握を困難にするものである。

女性が主婦として果たしている役割が単にシャドウ・ワークではないからこそ、女性解放の問題は困難なのであり、またそれだけ根本的な社会批判になりうるのである。そのことを無視したイリイチの議論は、現代においてあまりにも過度な男女の労働の同質化——ユニセックス化を見、前産業社会にあまりにも過度な労働の異質化——ヴァナキュラー・ジェンダーの世界を見ている。そしてこの二重の強引な「理論化」が、ユニセックス化はセクシズムを生むが、男女の全き分業は、男女の相互補完性を生むという、一見斬新な理論を可能にしているのである。

女性解放のイメージとしてのヴァナキュラー・ジェンダー論の意義を論じる最後にあたり、ヴァナキュラー・ジェンダー論の根拠となっている、差別なき区別、対照的補完性という言葉で表現されている社会について、筆者の見解をつけ加えておこう。男女の労働内容を完全に分離し区別するけれども、それが差別には結びつかない社会が一般にどのような可能性を持ちうるかは充分考察する余地はあろうけれども、イリイチの呈示するそれはイメージとして貧困なままである。

なぜならイリイチがそれを主張する論拠は、単に男女の力関係の平衡性という点におかれているからである。イリイチは女性は固有な領域を失うと、男性に対して及ぼすことができる力を失うと考えているらしい[23]。逆にいえば、男が女性の力を認めるのは、女性なしではどうしてもやっていけないことがある時だけであると考えているらしい。ここに表われたイリイチの女性観は、男女が競争すれば必ず女は負けると考えているようで、その偏見に苦笑せざるをえない。だが、とりあえずそうした挙げ足とりをしないとしても、男女がこのような形でしか相互に関係することができないとしたら、それは何と貧しい関係ではないか。もしこうした力関係を維持するために女性が固有の領域を手離せないとしたならば、そこに表われている男女の関係性は相克性であると規定せざるをえない。このような関係の中では、たとえ女性が女性固有の領域を維持したところで、女性に対する男性の理解は望むべくもないであろう。

一般に、相互にまったく異なる世界を持っていることは、相互依存ゆえの相互尊重を生む可能性を持つと同時に、相互に相手の世界を理解できないという了解不能性も生じさせる。日本社会の「性別分業」について言えば、その強固さは夫婦の相互依存性を高めると同時に、相互無理解も生んできた。それゆえ、それぞれの仕事が持つ固有の矛盾や問題性に対する認識を不可能にしている。男女が相互依存しあっていたとしても、そのことは必ずしも男女の相互理解を意味するものではなく、相互理解がない単なる相互依存のあり方は、必ずしも男女の相互尊敬には結びつかない。それは、単に相互に相手を抑制するにすぎず、真に豊かな関係のあり方とはとうてい言えないであろう。

現代のセクシズムに対する女性の批判は、単に男女の力の不均等性に向けられているだけではなく、女性が現在行なっているそれなりに大切な活動の世界（イリイチによれば単なるシャドウ・ワークであり、産業社会の下働きであるということになろうが）を男性は分けもたないということへも向けられている。その世界は、その世界として問題をもつと同時に、また豊かな相も持っている。その問題を解決し、同時にその豊かさをわかちあうことを男性に求めているのである。それゆえ、そのことを問題化せずに、単に力関係における平行性を論じるだけでは充分ではない。

以上イリイチの論に安易に依拠することの危険性と、その論が持つ論理的あいまい性や矛盾を指摘した。イリイチの議論は、ヴァナキュラー・ジェンダー論に関する限り、その斬新さは意図的か非意図的かわからないが、女性の状況への認識の歪曲と矮小化にその多くを負っている。その点に関する限り、イリイチはまったく不誠実である。そして解放イメージとしてもイリイチのヴァナキュラー・ジェンダー論の提起するものは、けっして豊かなものではないことを指摘した。

そして、このようなイリイチのヴァナキュラー・ジェンダー論に依拠することで、エコロジカル・フェミニズムを中心とする現在の日本の女性解放論の主流は、その主張の効果的展開を妨げられている。なぜなら、それらの主張は現代社会批判を行なう上で女性が積極的利点を持っていることを主張しているのに、イリイチの中ではそのことはむしろ否定されているからである。イリイチは主婦労働をシャドウ・ワークに矮小化してしまったので、それを担っている女性が現代社会批判の上で重要な役割を果たしうることを認められない。そのことがエコロジカル・フェミニズムの論者に気づかされていないことは不思議である。

さらにイリイチの論は、女性の固有性に対する積極的評価を欠き、むしろ女性が男性に対して力を持つためには労働において女性しかできぬことを堅持することが必要だと考えているかのような、女性性の否定的評価の上に成り立っているといえる。だからこそ、イリイチの議論は反女性解放論者にも広く受容されるのである。イリイチの議論がたとえ反産業社会、反男並み志向の女性解放という色彩を持っていたところで、それはエコロジカル・フェミニズムなどの主張と一致するわけではないのである。

5　エコロジカル・フェミニズムの方向性

日本の女性解放論はその本来の共同（体）志向性ゆえに、「男並み」志向の女性解放論に対して反発しやすい傾向がある。確かに戦後一時期、女性も男性と同様に職業を持つことが解放であるとされたことはあった。だが、そうした時代においても、主婦は職業であるという主婦論争がわきあがったし、母親という役割にのっとり自己主張していこうとする運動が根強かった。

リブ運動はそれら総体に批判をつきつけ、「等身大の女」として、すなわち個としての女性の生き方を問うことをめざしたが、その主張の中にも「男並み志向」の女性解放論への反発は強くあらわれていた。リブ運動の、日本の女性解放運動の歴史において特筆すべきことは、「男並み志向」批判だけでなく、「母性主義」批判、「主婦労働」批判をも強く展開したことであり、現存秩序の中で与えられている正の女性性を単に評価し受容するだけでなく、その正の女性性が同時に女性に対し抑圧的であることを呈示したことであった。正の女性性の評価は女の中の他の部分を負としておとしめ切りすてさせてしまう。しかし、この正としての女性性も負としての女性性も、いずれもこの社会が女性に与えた規定性なのであり、その規定性をまるごとひき受けることなくしては、単に自分自身を分断するだけであり、また、他の女性たちと連帯することを不可能にさせてしまう。「リブ運動がそれ以前のどの『女権拡張』運動ともちがって画期的だった点は、それまで女性自身によって忌避されてきた負の女性性を明るみに出し、その中に居直ったことにある[24]」。

ところが、こうしたリブ運動の主張も一般に受容されるにしたがって、伝統的な日本の女性解放論の風土の中に解体していってしまう。女性性を負のままにひきうけるのではなく、その積極的な価値をよみこむことで、共感とかやさしさが女性の価値であり、女性の本来のあり方であると主張され、女性の身体との親和性、自然との親和性等が追求すべき価値とされていったのである。

ところが、こうしたリブ運動の主張と限界性をまったく理解せぬままに、リブ運動を「男並み志向」の女性解放論と歪曲して定義し、相変わらず伝統的な日本の女性解放論を「新たな理論」として主張しているのが現在のエコロジカル・フェミニストの立場に立つ青木氏等である。たしかに日本の女性解放論はそれなりに的確な指摘を行なってきたことは認めよう。そしてエコロジカル・フェミニストの主張にもそれなりに積極的な側面があることは否定すまい。けれども、そうした主張の積極性すらも、日本における女性解放論が持つ日本社会に根を持つ限界性を自覚しないことによって、充分に効果的には論じられていない。

もし、エコロジカル・フェミニストの言うように、女性が自然や身体と親和的であるとしたならば、その積極性は産業社会において女性がおかれている位置に根拠を持つであろう。女性はこの社会で、身体的な条件から、人間が精神だけではなく身体を持つ存在であることを自覚しやすい立場にある。身体を支配することだけが人間の生き方なのではなく、身体との調和的あり方を認識することこそ必要なのである。

だがその主張は、たまたま現代社会における文化の特異性により、女性が主張しやすいだけであり、男性であっても障害者や病人は充分そのことを自覚しているであろう。同様に女性は日々の家事を担うにあたり、様々な汚染や添加物、資源のむだづかいなどを知るチャンスにめぐまれている。また日々子どもや老人を世話することによって、消費社会が人間の生活に強いる不利益や害をも認識しやすい立場にある。商品をつくることだけに没頭している男性には見えぬ、商品のいきつく先をも見届けることができるのである。だがこれとても、女性がたまたまこの社会で担っている役割により可能になっていることである。エコロジカル・フェミニズムの主張は、こうした女性の状況的に与えられている位置に関連づけられてこそ、もっとも積極的に展開できるはずである。

それに対し、女性の固有な積極性をそもそも本来的なものとして位置づけたり、身体や生理的構造に備わっているものと論じたりすることは、さまざまな困難性を持つだろう。

なぜなら現在、生理学的・医学的に明確にできる身体的相違は非常に限定されたものだからである。むろん、それらをその限定的な水準で論じることは無意味ではない。だが、そうした限定的な水準の議論を、心理的特性とか行動傾向とか、思想とか、より高次の水準での女性性の概念と結びつけることはむずかしい。

なぜならそうした諸特性は、身体的に備わった本来のものであるのか、特定社会の特定の性別文化を反映したものか区別できないからである。さらに、こうした高次の水準での女性性は単に傾向にすぎず、女性の中にある多様な行為や思想の変異を説明することはできない。

実際、「本来の」性差とか「本来の」女性性などを定義することは誰もできないのである。そうした虚構に依拠しなくとも、今ここで女性が生きている状況そのものに立脚することで現代社会批判は充分に可能である。そして、このように論じることではじめて、男性をも含めた現代社会全体の変革の主張となりうることは先述したとおりである。その時、女性もまた自らを特権的な社会批判者として位置づける必要からのがれられるであろう。

現代文明の自然支配、身体支配の傾向が変革されたならば、男性＝文明、女性＝自然という図式をその後にまで維持する必要があるであろうか？　男性＝文明、女性＝自然という図式は、女性を文明の外におくゆえに特権的な文明社会批判者とすることができるが、同時に女性は文明の担い手ではなかったという性差別主義者の主張を承認してしまうものである。それは文明社会における女性の責任を問わないから、また責任ある文明の担い手たりえないという性差別的な主張をも容認するのである。これがいかにイデオロギー的であるか、いうまでもなかろう。それゆえ男性＝文明、女性＝自然といった図式は現代社会の状況に関係づけられてのみ、状況的によみこまれる時のみ有意味な主張になるにすぎない。

このように、エコロジカル・フェミニズムの主張を定位し直すと、その主張はエコロジカルな側面における有効性は持つけれども、女性解放論としては不充分なものとなるであろう。女性の現代社会における位置は、エコロジカルな批判をする上で有利な位置ではあるけれども、エコロジカルな批判をすることで女性が解放されるという見通しはまったくない。

イリイチの主張はあたかも、現代社会の女性に対する差別的体制の変革は、環境破壊を退行させたり、経済を収縮させたりすることでもたらしうるような錯覚をおこさせる。だが経済の収縮が、セクシズムを否定できるというためには、イリイチの議論にのっとったところで、ヴァナキュラーな社会が必然的にジェンダーある社会となることを論証しなければならない。ところが、これが論証されておらず単に並置されているにすぎないことは先述したとおりである。また、かりにイリイチの主張のとおりにジェンダーのある社会になしえたとしても、それが別の形での女性への抑圧をもたらさないとはまったく保証できない。なぜなら、イリイチのジェンダー論は、個々の社会成員の解放という論拠に立つものではなく、逆にヴァナキュラーな社会の存立条件として位置づけられているものだからである。

むろん、イリイチとは別に、自然や身体の解放というエコロジカルな次元での解放こそ、女の本来性である自然性や身体性の復権を意味し、女性に対する差別をくつがえし女性に真に解放をもたらしうるものだとすることは可能である。この主張ゆえにこそ、エコロジカル・フェミニズムが、イリイチとは異なり、女性の本来性を問題にしなければならぬのである。そしてこれゆえにこそ、エコロジカル・フェミニズムは通常の女性解放論の「不毛な」議論とは異なり、女性解放の積極的なイメージを提出しえたと評価されるのである。

だが、女性解放論が積極的なイメージを提起しないのはそれほど非難されるべきことであろうか。たしかに女性解放の積極的なイメージの展開は困難である。何々はいやだという否定すべきものはわかっても何々をしたい、何々こそ解放のイメージだと主張することはなかなかできない。それゆえ女性解放論は貧困・不毛であるといわれたり、エコロジカル・フェミニストが自然の復権とか女性の積極的な固有性の復権とか主張すると、「不毛な女性解放論」にあきたらぬ多くの男性や一部の女性に大歓迎されることになる。

だが、解放論が積極的な方向性を展開しえないのはあたりまえなのである。「不毛」なのは女性解放論だけではなく、人間解放論だって他のどんな解放論だってそうなのである。

なぜなら、解放論とはそもそも個人の自由を求める論であり、自由の内容は規定できぬはずであるから。女性解放論だって同じはずである。なのになぜか女性解放論に限って、その不毛性を批判される結果となる。

なぜならそうした論者の多くは、女性解放論が個人の自由という論旨に立つことに対して否定的な立場に立つからである。個人の自由という価値は男性が主張する時、当然として受容されやすいのに対して、女性が主張する時は直接にそうした論者の危機意識を呼びさますらしい。自由とか自立とか勝手なことをいってもらっては困る、子どもはどうなる、家庭はどうなる、というわけだ。

だが、社会や家族の解体は女性が自立したから引きおこされた問題であるわけではないし、女性解放論における個人の自由という価値の意義は、簡単に否定しさることができるようなものではない。それは現代社会でいかに個人主義の限界が指摘されようとも個人の自由という価値を簡単には否定できないのと同様である、そのことを自覚せず、女性解放論にだけ「個人主義」の不毛性という批判を加えることはできない。

性差を論じること、性差の特定の側面を評価すること、性別を特定の制度的水準で反映させる社会を構想することはまったく別のことである。女は何であるかといった議論や、女はどうあるべきかといった議論は、直接に制度的次元での性差別の是非を論じる根拠とはならない。

子どもを持つ女性の中には、職業労働についたり、子どもを保育所にあずけたりすることに疑問を感じる女性も多いかもしれない。だが、もしそうした疑問が、子どもを預けない母親の生き方が女の本来のあり方であり、それゆえ職業労働において男女差別があっても当然で、保育所は不要であると論じられるとしたなら、たまったものではなかろう。たとえ、親は子どもとのかかわりあいを大切にすべきであるとしても、すべての親がそれを「自由に」選択できる状況にあるわけではないからである。生計を支えねばならぬ親もいるし、家族内に病人がいたり、障害児をかかえていたりする場合もある。一般に長時間保育は子どもに良くないとしても、だから夜間保育や保育時間延長は良くないという判断を下すことはできない。誰でもが九時―五時の就業時間で働けるわけではないからである。

夜間保育＝長時間保育という等式を疑ってもみないのは、九時―五時という就業時間を当然のものとして享受している層だけである。何が良い生き方であるか、望ましいあり方であるかという判断は、たいてい、もっとも多数派の平均的価値観にもとづいて考えられているのであり、それゆえそれが、直接制度的な次元での是非の判断の根拠とされてしまう場合には、しばしば少数者のかかえる多様な問題状況を切り捨て、無視してしまうものになりがちである。

ところが、日本における女性論、女性解放論は、こうした議論の次元の相違がほとんど論じられることなく展開される傾向を持つ。あたかも現代社会の特定の制度的変革の是非が、女性の固有性とか、男女の本質的相違とか、女性の本来性とかからただちに論じられるような錯覚を与えている。制度的次元での是非の問題が、女とは何であるか、本来何であるか、何であるべきか、といった議論として論じられる傾向を持つのである。女はどう生きるべきか、こう生きる女性は良いが、こう生きない女性はダメであるといった論拠で特定の制度的次元での是非を論じてしまうのである。

　このような議論の水準の混同は、日本社会が普遍主義的な原理や倫理観、価値観を欠いており、状況倫理の社会であるゆえのものであろう。だが、この状況倫理の社会において男女という性別の相違だけがきわだって強調されており、「性別分業」がきわめて強固であるため、多くの女性論はすでにある「性別分業」を前提とした御都合主義的な、それでいながら現実の女性の多様な生の状況を、まったく無視するような議論が展開されてしまう。女性解放論にだけ、その不毛性が指摘され、女はどう生きるべきかという内容が要求されるのも、こうした背景のひとつのあらわれである。

　女性は女性だからといって同じ状況にいるわけではなく、そのかかえている問題は実に多様である。だがそれを女性の生き方という形で定義づけ判断することが要求される。それがそのまま女性解放論や女性論にも反映し、それらは女性の生き方の評価をめぐって議論を展開してしまう。そこには女ならば教え導かれて当然であるといった、露骨な性差別主義のにおいすら感じられる。

どのようなあり方が本来のあり方であるか、どのような生き方が良い生き方であるかといった議論は、状況が多様である以上、必ずその判断の対立をまねくのは当然である。だが、それがあたかも制度的変革の是非や、解放論における決定的な対立であるかのように立ちあらわれてくる。それゆえ、日本の女性解放論はしばしばこの相違をもって対立し、堂々めぐりをしてしまう結果となった。たとえばリブ運動の内部では、個人の生き方に対する批判があたかも政治的実践であるかのように読みかえられ、個人攻撃を許してしまったことは、第Ⅱ部で述べるとおりである。

女性の本来性とか、ありうべき生き方とかを論じることがわるいのではない。こうした議論が、あくまで一人ひとりの女性がそれを読み共感したり反発したりしながら、それぞれの個人の生を豊かなものとしていくのに役立つためになされるのだということを明確化しないで論じられる時に問題になるのである。なぜなら、こうした議論がこのように展開されるためには、それぞれの女性が「自由に」自らの生を選択できることが不可欠だからである。その前提に対する自覚が不在である時、女性の本来性は何であるかといった議論は、女性の多様な状況を無視したものになりがちなのである。

エコロジカル・フェミニズムは、その価値観において自然性や身体性の復権を主張しているとしても、女性がそうした生活のあり方をあくまで自分で選びとっていく「自由」を否定するものではあるまい。青木やよひ氏は「ウーマンリブ」ではない第三波の女性解放運動を、「単に体制や男性に向かって性差別を告発するだけでなく、個人がその生き方を変えることでみずからを解放しつつ、社会変革へいたるあらたな回路を実践的に探求する動き[25]」と規定している。であるならば、女性解放論における「個人の自由」の価値を否定するわけはない。

だが、日本における女性解放論や女性論の精神的土壌には、その目標を不可能にしてしまう何かがある。そのことの自覚なしには青木氏の目標そのものの追求が困難になってしまうであろう。なぜなら、まさに青木氏の主張するものこそ、日本のリブ運動が七〇年代において探求したものであったし、そのリブ運動の展開過程それ自体が、その限界性を示してもいるからである。エコロジカル・フェミニズムの主張の有効な展開のためにも、リブ運動と同じ轍を踏まぬ必要があるのであり、それには日本の女性解放論の閉じこめられている状況に対する透徹した認識が必要なのである。

青木氏が「女性原理」と呼ぶところのものを「原理」として貫徹させるためには、原理を持たない日本社会の言論状況に対する透徹した認識が不可欠である。

たしかに、産業社会における価値観を肯定したまま女性解放を論じることの限界性は指摘されるべきかもしれない。だが今、フェミニズムの立場から論じられるべきなのは、経済の収縮が、いかに女性の解放と両立させうるかという論点である。

経済の発展や近代化がそのまま女性の解放を意味しなかったのと同様、経済の収縮も、またそれがそのまま女性の解放を可能にするわけではない。その二つの論点をあたかも予定調和的なものとおくことは、女性の解放を社会主義革命によって必然的にもたらしうるものと考えたマルクス主義の陰画にすぎない。エコロジカル・フェミニズムの真の課題はエコロジカルな主張がそのままフェミニズムにつながりうるといった前提に安易に居直ることではなく、エコロジカルな視点をフェミニズムと両立させていく、現実的条件をさぐることである。その時はじめて、エコロジカル・フェミニズムは真にフェミニズムとなりうるのである。

6　女性解放論における近代主義と反近代主義

女性解放論は差別問題という問題構成からくる制約から、近代主義的方向と反近代主義的方向へと分裂させられてきた。

近代化が強いる心理的コストのゆえに、近代化過程の当初から、近代主義は批判の的となった。近代化・産業化の行きづまりが誰の眼にも明白になった今日においては、近代主義はあたかも劣性の標識であるかの如くである。今日では誰かの論がくだらないというかわりに近代主義的限界があるといえば足りるかのようにまでなっている。こうした論調の中で、女性解放論はまさにその問題構成からくる必要から、近代主義的論調の命脈を保たせている。
この対立は与謝野晶子と平塚らいてう等の対立にも、中ピ連とリブセンターの対立にも、今日では、上野千鶴子氏等とエコロジカル・フェミニストとの対立にもくりかえしあらわれる。あまりにも何回もくりかえしあらわれるので、あたかも自然なものの如くである。だがこの対立を実体化し、あたかも女性解放論の本来的な二方向性であるとか、女の生き方の二つの方向性であるとかと読みこんだとすれば、それは二重の意味で不毛であろう。すなわち第一に近代主義と反近代主義という対立軸自体の無効性において、第二に女性解放論におけるこの二つの方向性の対立がしばしば強いられたものであり、論者の意図とはまったく離れて「読みこまれた」ものであるという点において。

女性解放論の課題はこの擬似問題の内で勝ち負けをきそうことではなく、この対立自体を否定していくことにこそあるのだから、今必要なのは、論者を色分けし、AかBかを選択することではなく、色分けそれ自体を徹底的に自分の言葉で疑っていくことである。

反近代主義的言説の多くは、それ自体、近代主義的認識装置が必然的に生み出すものである。近代主義はその幻想装置の内に「自然」を内包している。もっとも「自然」に即した認識をすることこそ近代主義の価値観である。現にある社会の外に「自然」を求め、その「自然」を収奪し近代社会の再生産に投入していくことこそ近代主義の本質である。この観点からすれば、資源とエネルギー源を「自然」から収奪し工業生産に投入することと、先進産業国の外に、人間性の自然を求め、意味の活性化システムに投入していくこととはまったくパラレルである。多くの反近代主義的言説はこのことを理解しないままに、異時代に、異社会に、「自然」を求め、見出している。

だが、近代社会の実相は、近代の周縁であるところの家族、共同体、非・人間社会から収奪する限りにおいて成立しうるものにすぎない。近代社会とは、その外部に非近代社会を不可欠の部分として必要とするアマルガムな存在である。それゆえ同時代的に存在する非近代社会は、近代社会システムの一部にすでにとり込まれているのが通常である。近代社会と非近代社会の純型を地上のどこに求めようとも、それはともに幻想である。

近代社会が必要とした外が枯渇しかかった現在、近代主義対反近代主義という対立軸自体、有効性を持たなくなってきている。資源やエネルギー次元において、また環境問題という形で七〇年代は先進産業社会の生産力主義が批判された。だが、政治システムや医療システムの近代化の結果、八〇年代には発展途上国の環境破壊が問題となる。発展途上国の環境問題、飢餓問題は、先進産業国の資源収奪の結果であると同時に自国内の人口増加（主に医療システムの整備による）と伝統的な生産様式が矛盾を起こしている結果でもある。大規模な人口を、焼畑耕作や森林資源をエネルギー源とすることによっては養いきれないのである。

先進産業国と発展途上国をふくめた近代社会システムが環境を破壊しつつある。増大した人口を前提とする限り、そして人間の平等な生存権を前提とする限り、単に「自然」へ帰ることでは問題は解決できえないことは誰の眼にも明白になってきている。これだけの人類を養う「自然」はもはや地球のどこにもないのである。

これとまったくパラレルに、近代的意識は外を失った現在、急速に崩壊しつつある。近代の意識の汎化を可能にした根拠はあくまでその外にあった。すなわち、近代的心性へ編成をとげさせるそのエネルギーは、近代的心性の持つ差異性にあったのである。ウェーバーが近代合理性の形成過程をプロテスタンティズムの宗教倫理から論じたように、近代的心性はそれ自体非合理的なものである。その非合理性にもかかわらず意識の近代化を可能にさせたものは、近代化過程の巨大な幻想装置であった。その幻想装置は国家システムとして、学校システムとして、またマスメディアシステムとして、今あるここではない外の近代性を指し示した。人々は、家族から村落から、即自存在から、自己を編成しなおし近代的個人へと脱出したのである。

だが、今や外としての家族や共同体は近代システムの内にとりこまれ変形され解体しつくしている。個人はもはや近代社会システムの一部に生まれおち、そこからの脱出のルートを見出しえない。外としての近代社会システムではなく、近代は内部システムになったのである。この時、国家や学校やマスメディアの幻想性は解体しつくしてしまう。それは外へ脱出させる装置ではなく、今ここにある内部そのもののメディアとなる。内部化したメディアは差異性をもたず、それゆえ幻想にうらづけられた現実構築力を失ってしまう。近代的個人という虚構にみちた心性を生み出す錬金術の場としては機能しなくなるのである。

女性は近代社会の外に位置づけられていた。むろんその外部性は幻想であった。だが、幻想として充分機能しえた。それは近代的意識にとって前提となる不可欠の部分であった。だが女性はもはや幻想を維持できなくなっている。なぜなら近代社会システムは家族や共同体を破壊しつくしたからである。その場から女性は語りはじめている。現在の女性解放論はその段階にある。

近代主義対反近代主義の対立軸は幻想として女性を外におきつつ、内部システムの一部とするという矛盾から生まれている。内部システムの一部として正当な権利を主張しようとすれば、外としての女性の幻想に反してしまう。それは近代主義の支えであるゆえに総攻撃をくらう。多くの男性の論者が、女性は近代社会の外にあるという幻想を維持したがっているのは、それこそ近代的意識の内実を支える唯一の支えであるからである。外にある女性としての幻想に依拠しようとすればそれは、内部システムの一部としてあるということに反してしまう、女性解放論は二重拘束状況にあるのである。

だが今日にいたり、多くの女性解放論者はこの二重拘束状況を脱出しつつある。すなわち、この罠を強いられたものと感じつつあり、その対立のどちらかを選択するのでなく、ズラして生きはじめている。どちらの側にもつかないだけでなく、どちらの側にもつくという姿勢をみせはじめているのである。これは一見矛盾である。だがその矛盾を生きぬくことを通じて、女性解放論者の多くは自己の全体性を獲得しつつある。

たとえば、リブ運動はその代表的なものであった。リブは女性の近代社会の外部としての存在を幻想として否定した。同時に内部システムの一部として生きることも拒否した。その論理は近代主義からも反近代主義からも遠いものであった。だが、この論理は感性の次元で、またレトリックとして語られたために、明示的ではなかった。リブ運動の内部に生じた崩壊現象は、一方において近代社会の外としての女性の幻想性を肯定してしまう方向、すなわち、反近代主義の方向と、他方において近代社会の内部システムの不可欠な部分を担う存在として正当な権利要求としていこうとする近代主義的方向とに二極分解することによって生じたといってよい。エコロジカル・フェミニズムの一部はこの前者の途を歩みつつあることは先に批判したとおりである。

だが、今日感性的レヴェルにおいてではなく、明示的にこの対立をズラして生きようとする解放論者が生まれつつある。たとえば、宮迫千鶴氏は、フェミニズム思想の中にあいかわらず近代主義と反近代主義の対立を見ようとする論者に反発して近代の「〝虚構〟からの〝離陸〟は女たちの実感では、この離陸はもうひとつの〝着地〟であり」、「実質のある生をえらび直したら〝虚構〟の虚妄性が赤裸々になったというだけのことなのだ」と明白に反論している。この感性は確かである。[26]

近代主義と反近代主義の対立軸は、女性にとって一方が戦略的でとりあえずのものであり、他方が本質的なことであるなどという一応の整理づけは何の解決でもない。近代主義と反近代主義の双方の言説を、ともに女性に即して解体しつくしていくことこそ、今の女性解放論の課題である。なぜなら、その対立はそれ自体、近代社会システムの一部であるからである。その課題を突破することこそ、女性解放論が人間解放論に対して寄与できる唯一の方向性なのである。

注

（1）ベティ・フリーダン『セカンド・ステージ』下村満子訳、集英社、一九八四年（原著一九八一年出版）。

（2）青木やよひ「フェミニズムの未来」『現代思想』一九八五年四月号。

（3）上野千鶴子「女は世界を救えるか」『現代思想』一九八五年一月号。

（4）ここでイリイチのヴァナキュラー・ジェンダー論として指しているのは、「バナキュラー・ジェンダー」（丸山勝訳『経済セックスとジェンダー』〈シリーズプラグを抜く〉新評論、一九八三年、四一ページ〜一六五ページ）、『ジェンダー』（玉野井芳郎訳、岩波現代選書、一九八四年）に依拠している。

(5) 上野千鶴子「恋愛結婚イデオロギーと母性イデオロギー」『女性学年報』第五号、日本女性学研究会、一九八四年。

(6) 論理的展開の不充分性については本章の後述箇所を、また資料引用の恣意性については前掲、上野千鶴子「女は世界を救えるか」一九八五年、を参照。

(7) 『ジェンダー』前掲訳書、三九七ページを参照。

(8) これはイリイチが、公表される経済、公表されない経済、シャドウ・ワークという三次元にわけて論じた、現代社会における女性に対する差別という内容の要約である。

(9) イヴァン・イリッチ『脱病院化社会』金子嗣郎訳、晶文社、一九七九年。

(10) 前掲論文、「バナキュラー・ジェンダー」によると、この百年間女性の平均年収の中央値は男性平均収入に対して五九パーセント上下二パーセントというほぼ一定した比率のままであるという（同五五ページ）。

(11) 映画「クレイマー、クレイマー」の男性主人公が、妻の家出により育児責任を負わざるをえず、それゆえ「条件の良い」職場を追われたという設定は、こうした予測がけっして「ありえない」ものではないことを示していよう。

(12) この指摘は、上野千鶴子「女は世界を救えるか」にも明確に示されている。

(13) イリイチによれば、シャドウ・ワークとは「消費者が入手した商品を使用可能な財に転換する行為」を指すという（「バナキュラー・ジェンダー」前掲書、六九ページ）。

(14) 江原淳「サーヴィス化・ソフト化と家事労働時間」『流通情報』一九八五年四月。

(15) 『ジェンダー』前掲書、九九ページ。

(16) イリイチ自身はジェンダー、またはジェンダーのある社会を明確には定義していない。彼によれば、その研究は近代の科学的な知識では探求不可能で「詩的」にしか感受されえないという。それゆえここではイリイチが実際にジェンダーのある社会として例示している社会の内容を要約した。

(17)『シャドウ・ワーク』玉野井芳郎、栗原彬訳、岩波モダンクラシックス、一一八ページ。ここでひとつ皮肉をいえば、彼は、例として、家で育て家で紡いだ自家産自家製のもの、すなわち自分の妻の子や奴隷の子、自分が所有するろばから生まれたろば、菜園や共有地からとれた基本的な生活物資をあげており、これを生活のあらゆる局面に埋めこまれている互酬性の型に由来するものとして、交換や上からの配分に由来するものとは区別しているが、これはまさに荘園所有者にとっての概念であり、彼の妻や奴隷にとって、彼らの子を荘園所有者のものとしてとりあげられてしまうことは互酬性によって説明できるか、大変疑わしい。

(18)見田宗介『朝日新聞』論壇時評、一九八五年一月二九日。

(19)『ジェンダー』二六九ページ。

(20)イリイチによれば、ジェンダーはまったく社会的に決定される。「距離や間隔、予定や日取りなどのあらましが与えられると、いったい何を何時、誰がやり、誰が用いるかが定まってくる」。それゆえ、それは様々な社会により多様な形態をとる(『ジェンダー』二二八ページ)。

(21)『ジェンダー』二三一ページ。

(22)『シャドウ・ワーク』前掲書、二一〇ページ。

(23)『ジェンダー』前掲書。イリイチが暗黙に示している主張の一つは、前産業社会においては男=外、女=家内性という分業は同じでも、「家内」性は外の公的領域に比較してずっと現代より高い位置を与えられており、女性は公的領域に男性と同様な形では参加できぬものの、そのことをインフォーマルな権力を与えられるということで充分補償されていたということである。女性は過去においては男の力を充分抑制することができた。すなわち「男の力にたいするひとつの抑制は男の世界での秩序立った関係を示すことのできる女の能力である。家の奥で女が男に伝えるのは家族の男たちの公的な名誉が維持されるような家の仕事の遂行にあたって女たちが担う労苦のいかに大きいかをつねに思い出させることである」。こうした女の男に対して及ぼすことのできる異質な力の存在を、イリイチは男女の平等な異質性という論拠にしているのである。ジェンダーの世界は力それ自体が非対称的であり、その非対称性が相互に畏敬の念を生じさせるとしている。それに比較し、産業社会は、男女を共通分母で比較してしまうので、女は差別されてしまうという。

(24) 上野千鶴子「女は世界を救えるか」前掲論文。
(25) 青木やよひ「フェミニズムの未来」前掲論文。
(26) 宮迫千鶴「都市型社会のフェミニズム」『へるめす』第三号、一九八五年、岩波書店。

「差別の論理」とその批判――「差異」は「差別」の根拠ではない

1 「女性問題」と「性差別」

「性差別」を言語化することは、とりわけ困難である。日常生活の中に深く入りこみ、われわれの常識の中に根をおろしている「性別」に関するさまざまな観念が、「性差別」を「差別」として論じることを困難にしている。実際、「女性論」や「女性問題」に対する文献は山ほどあるのに、「性差別」を論じたものはきわめて少ない。一体何が「性差別」なのか判然としないのである。

「性差別」をいわゆる「現実的な不平等」として論じる限り、それが論じられる領域はきわめて狭いと思われる。形式的に男女の間に「平等」が確立されたところで、現在女性がかかえている問題はほとんど解消しない。一部企業で男女の平等の雇用体制が採用されたところで、現在のままの労働条件では、それを享受するのは一部の女性にとどまるであろうし、「家事」を平等に分担すべきだという主張をいくらくりかえしても、現代社会の中で行なわれている「家事」のはらむ問題性はまったく見えてこない。妊娠や出産を男女が「平等」に担うことはありえないし、男性も「妻の」出産において休暇がとれるべきだとしても、その根拠は「男女平等」にあるのではなく、出産の文化とそれを介しての男女の対肉体のあり方における意識の変容に求められるべきであろう。女性にとって大きな問題である人工妊娠中絶の問題は、その社会の生命観や医療体制の問題を論じることなくしてはまったく扱いきれない。形式的な「性差別」という問題の立て方だけでは女性問題のほとんどは論じることができないのである。それゆえ「女性問題」は、「性差別」に還元して論じることはできない。

それにもかかわらず、「性差別」を論じることは非常に重要である。なぜなら、「性差別」は「女性問題」のあらゆる領域を語る時に必ず関与するからである。形式的な男女平等の制度的確立が効力を持たぬ根拠として、女性の「本来的家内性」が持ち出され、「家事」の平等分担が問題を解決しない根拠として、女性の「母性」が持ち出され、人工妊娠中絶の論議においては、女性の生きている「妊娠文化」や「生命価値」観が逆にまったくとりざたされない。これらの根拠は、それが「性差別」イデオロギーであるか否か検討されることもなく、議論の中に入りこんでいる。それゆえ「女性問題」はその真の問題設定を困難にされ、それが単に「女性問題」ではなく、現代社会への根源的な問いかけを含むものなのだということが理解されないのである。

そのためには、「女性問題」に通常からみついている「性差別」としての次元を切り離して論じる必要がある。たしかに、反「性差別」のみを女性解放の目標とするならば、その限界性は明白であるが、「性差別」批判の意義は否定されてはなるまい。それは、まさに女性解放の課題とは何かを明白にするためにこそ、不可欠のものなのである。

そのためには「性差別」を形式的に論じる必要がある。すなわち「性差別」を一つの「差別」として他の「差別」問題と同一の地平で論じてみる必要がある。「性差別」の具体的内容にふれないその「差別」としての形式的側面の記述は、問題の本質にせまりえない、まだるこしいものに感じられるかもしれない。だが、そのことは必要なステップのように思える。

2 「差別」とは？

「差別」とは何か、ということはあまりにも明白なことだと思われている。「差別」が悪いことは誰でも知っており、「差別」しないことがいいことだということはあたりまえのことであるとされる。だが実際、「差別」とはそんなに簡単なことではない。

「差別」が簡単なことと思われてきた背景には、「差別」が現実的な利益や不利益の不平等分配と等しく考えられてきたことがあろう。不平等は悪いことである。なぜなら現代社会は平等な社会だからであるというわけだ。だがこれは、一見正論のようでいてまったく現代社会を「見て」いない理論だということは明白である。現代社会には現実に利益や不利益の不平等分配は数限りなくある。能力主義にもとづく昇進や賃金格差は津々浦々にいきわたっている。その場合、人々がそれに対して「差別」だといって批判しないのは、それが「正当な」ものとして社会的に承認されているからである。

だが、相手に不利益を与える不当な行為がすべて「差別」であるわけではない。あからさまな攻撃や虐殺は「暴力」であったり「犯罪」であったりするかもしれないが、「差別」ではない。この場合、「差別」は先の言明とまったく逆に、その不利益を与える行為が、あたかも「正当な」ものであるかのごとく差別者と被差別者に了解されることを意味する。すなわち、被差別者が「差別」されているのは、不利益をこうむっているからではなくそのことが当該社会では「正当化」されぬからであり、同時にその「正当化」されぬ根拠が、別の論理によってあたかも正当なものであるかの如くに通用してしまうからである。

現代社会における被差別者の位置は、このようにきわめて「特殊」である。被差別者が「特殊」なのではなく、被差別者のおかれた位置が「特殊」なのである。すなわち、被差別者は「差別」問題に「はめられて」しまっているのである。

　現代社会は「平等」を価値観念とする。それゆえ「差別」は不当である。しかし、現代社会において「現実の」不平等、すなわち「差別」的処置は多々ある。それらはさまざまな装置によって正当化されている。たとえば、子どもはさまざまな権利を否定されているが、それに対して「不当」であるという批判はあまり聞かれない。それはそもそも「子ども」というカテゴリーが「平等」の処置をすべき対象を含む集合から、「排除」されているゆえである。「差別」問題も全く同じ構造を持っている。多くの「差別」問題は、こうした「現実的」不平等を正当化する装置によってそもそもそれが不当なものであるという認識をコンセンサスとして得られにくい構造を持っている。

　それゆえ、被差別者の怒りは被差別者が「差別」問題にはめられていること自体からも生じている。その囲みを切りはらうことが、被差別者自身容易でないこと自体に対して怒りがあるのである。「差別」はその問題を巧妙にしくむ。いかにその非合理性や不当性が被差別者に「直観」されても、その不当性を「告発」する論理を見出すことはしばしば非常に困難なのである。一般に「差別」の意識的・言語的装置は複雑強固であり、被差別者がその不当性に気づいてもそれが容易には打ち破ることができないようになっている。

　それを装置と呼んだのは、それがほとんど解明されておらず、あたかも「自動的に」作動するように思われるからである。意識的以外に言語的とおいたのは、単に「差別」が不当だと「直観」するだけでは「差別」の囲みを切り拓くには充分ではないからである。被差別者が「差別」の「告発」をしないことが往々にしてあるとしても、それは被差別者自身がおかれた位置に安住しているとか、被差別者の「意識が低い」ゆえであるわけではない。「告発」の論理を立てることが非常に困難なように「差別」は巧妙にしくまれているのである。こうした「差別」の論理と「告発」の論理のからみあいこそ解明しなければなるまい。

それゆえ、被差別者の怒りは直接にはこうした「差別」問題の枠組自体、その根源的な不当性とその非対称性自体に向けられている。

被差別者は、「差別」の現実的な不平等の側面に対してのみ怒りを感じているわけではない。被差別者は差別者と同等の待遇をのみ求めているのではない。女性に対し男性と同様の処遇をすれば「性差別」は解消するというものではない。むしろこうした態度は、女性の怒りを増すだけのことが多い。なぜなら、こうした考えの背景には「女性が望んでいるのは男性と同じ地位や成功だろう」といった思い込みがあり、その思い込み自身が差別の論理から生まれているのだという認識がまったく欠けているからである。「女性は男性をねたんでいる」というわけである。女性が「性差別」に怒りを感じることは非常に多いが、それは男性を「ねたんでいる」からではない。女性の怒りは「差別」の不当性にむけられているのである。

それゆえ「差別」の問題の本質は、財の希少性一般に基づく財の不平等分配自体ではない。だが、このことは意外に充分に論じられてはいない。財の不平等分配をもって「差別」の存在が明白とされ、それ以上追及されないことが多い。それゆえ、「差別論」はしばしば空疎なものとなる。被差別者の怒りは空転し、差別者側に届くことがない。それは「差別」を「平等」という価値理念にそむくものと簡単に定義してしまい、「差別」がきわめて複雑な意識的・言語的装置であることが認識されていないからである。単なる財の平等分配の強制的確保では「差別」はなくなりはしないことはあたりまえのことなのである。

それゆえ、「平等」という価値が大前提とされ、現実的な不平等性が指摘されるだけでは「差別」は論じられない。実際こうした貧弱な理論では、「差別」現象を論じる視角は、差別する側の悪意がすべての「差別」の原因であるかのように論じられてしまい、単にお説教となるか非難を差別者に加えるだけになる。差別する側は自明に「悪く」、差別される側は自明に「良い」という二項図式がくりかえし適用されるだけである。こうした問題の立て方はショック療法的価値はあるとしても、被差別者側にも消耗感を与えてしまう。差別者が悪いと何度くりかえしても「差別」は残るし、繰り返し主張しなければならないのは被差別者の側である。差別者は応々にして「差別」に対して気づくことすらなく、のうのうと暮らしているのに被差別者だけが怒りを強いられる。それ自体不当である。

従来、現実的な不平等以外の「差別」の側面は「差別意識」や「差別心理」、またアイデンティティ問題として論じられてきた。こうした視角は、差別者の側に不安感や不満感を見出し、それが被差別者に向けられてスケープ・ゴートを生み出す過程を明らかにした。また被差別者の側には自らのアイデンティティを受容できず、差別者側の価値感を受容してしまい「差別」の共犯者となっていく心理的傾向があることを明らかにした。

たしかに、このような研究は重要ではある。だが、この視角だけでは充分ではない。なぜなら第一に「差別」は必ずしも差別者側の「差別」しようとする意志を必要としない。たしかに暴動や襲撃事件などを生み出す「差別」意識の中には、差別者の側の不安感や抑圧感などが深く関与していることが多かろう。だが、ごく日常的な「差別」的行為においては差別者は「差別」しているという意識を持たない場合も多い。そして被差別者の怒りは、その意識されないままに行なわれる「差別」に対しても、悪意や攻撃の意図を伴った「差別」に対する以上に怒りを覚えるものである。前述したごとく「差別」問題に対し、被差別者だけがそれにとらわれているという不平等性こそ、被差別者のもっとも強い憤怒を生み出す時がある。

第二に、被差別者の側の問題を、アイデンティティ受容の問題として定義しがちである。「性差別」の問題性は、男性優位の価値観により女性が女性としての自己の属性を受容できなくなってしまうことにあるというわけである。その結果、女性は真のパーソナリティ発達を妨げられてしまうというわけだ。こうした論は「差別」を単なる現実的不平等と見る視角が、その解決を安易に「平等化」に求めてしまうことに対する批判としては重要である。単なる形式的な「平等化」は、差別者側からの文化のおしつけ、文化的同化の強制となりがちである。被差別者は、差別者と同一になることを欲しているわけではないことが理解されないのである。だが逆に、アイデンティティ問題として被差別者の側の問題を論じることによって、「差別」の不当性に対する議論は欠落してしまう。あたかも「差別」の問題は、被差別者を「傷つけ」たり、自己の属性の積極的受容を困難にさせる点にあるかのように論じてしまいがちである。たしかに、こうした側面はあるかもしれない。だが、たとえ被差別者が自らの属性を積極的なものとして受容し、安定したパーソナリティ形成をしえたとしても、なおかつ「差別」に対する怒りは消えはしないであろう。なぜなら、「差別」はそれ自体、「不当な」問題状況であり、そのことが明確化されていないことはさらに「不当」であるから。

　したがって、「差別」論はまさにこうした被差別者の持つ焦燥感の淵源をこそ明らかにしなくてはなるまい。それには、「差別」を単に「現実的な」財の不平等や、「心理的」な問題に還元してしまっては不充分である。「差別」は利益を求める目的的行為でもなく、病的な異常心理でもない。それは差別者も被差別者も共有する社会的規範や社会意識に根拠を持っているのである。「差別」を意図によって説明することは不適切であり、それゆえ単なる倫理的批判では解消されない。だがそれは個人の心理的傾向によって生まれるわけではない。個人のパーソナリティは（あるいは社会的パーソナリティは）「差別」を強化したり弱めたりすることはある。だが、「差別」はそれに還元できない。それゆえ「差別」を意識的・言語的水準に限定し、形式的に記述する試みが必要なのである。

3 「差異」と「差別」

アルベール・メンミは「差別主義」を次のように定義する、「差別主義とは、現実上の、あるいは、架空の差異に普遍的・決定的位置づけをすることであり、この位置づけは告発者が己れの特権や攻撃を正当化するために、被害者の犠牲をも顧みず己れの利益を目的として行なうものである(1)」。ここでは「差別主義」とは⑴現実上あるいは架空の差異の強調、⑵被差別者に対して不利をもたらすようなこの差異の価値づけ、⑶現実に存在する不平等の正当化、という三要件で成立するものとされている。

このメンミの定義にしたがえば、差別に対する批判もこの三要件に即して次のような形をとりうる。⑴現実上、あるいは架空上の差異が「存在しない」、あるいは存在したとしても「それほど大きな差異ではない」ことを強調し、差異の存在それ自体を否定する、⑵差異の存在は認めるとして、その差異に被差別者に不利なような価値づけ、すなわち「劣る」「悪い」等々、被差別者の価値を低下させるような価値づけを批判する、⑶差異、あるいは評価づけがどうであろうとも、不平等な待遇は不当であるとして批判する。ほとんどの「反差別」の論理はこのいずれか、あるいはいくつかによって成り立っている。

ところが、こうした「反差別」の論理は正当すぎるぐらい正当なものにもかかわらず、しばしば空転し、有効な批判とはなりえなくなる。なぜなら「差別主義」の三要件は相互に関連しあっており、そのこと自体を把握することなくしては、論理のあやの中にまきこまれてしまうからである。

たとえば、「不平等な待遇はいかなる状況においても許容されるべきではない」といった強い信念を主張すれば、「差別主義」の批判は非常に簡単なように思える。こうした信念は近代社会では主要な価値観になっているのであり、この価値信念に依拠すればいかなる「不平等」もそもそも否定しつくされるはずであろう。それにもかかわらず、現実には現代社会には無数の「不平等」が存在する。それは、それらの「不平等な待遇」が「不平等」として認識されないからである。

たとえば、現代日本社会ではさまざまな応募条項に年齢や学歴、資格等の詳細が明記されている。だがそれについて「差別」であると言わないことが多い。つい最近まで、性別もそうであった。年齢や学歴の制限などにより明らかに不利益が特定の人々に対して与えられているにもかかわらず、それは問題にされないのである。「不平等」は「不平等」として認識させる装置が必要なのである。

「不平等」として認識させるためには、論理的に、差別者と被差別者が同一カテゴリーであるということを根拠とせざるをえない。しかし、「不平等」が「不平等」として認識されない社会においては一般に差別者と被差別者のカテゴリーが別であるということが「常識」となっている。差別者と被差別者は「差異」があり、別のカテゴリーに属しているということが「常識」となっているのである。それゆえ、反「差別」の言説は必ず「差異」に言及せざるをえなくなる。すなわち(1)の主張をとらざるをえなくなる。ところが、(1)の主張は(2)の主張と関連せざるをえない。なぜなら、「常識」として分け持たれている「差異」は必ず特定の問題枠組により評価された「差異」だからである。一般に「事実」と「評価」の峻別は困難である。われわれの認識の構造は、必ず特定の問題構図が先行し、それから「事実的判断」が導出される。たとえば「男女は能力差があるか」という問題が「男女の能力差はある」「ない」といった「事実的判断」を生むのである。ところが、こうした問題構図自体、特定の能力を良しとする「評価」枠組の中に位置づいている。「差異の指摘」をまったく「評価」的意味を含まずに行なうことはほとんど不可能である。

　それゆえ、「反差別」の言説は必ず(1)、(2)、(3)、の主張をすべて論じざるをえなくなる。(1)(2)の主張を明確に示さない限り、(3)の主張が成立しないようになっているので、通常、すべての反「差別」の言説は(1)、(2)の主張を行なわざるをえない。「差異」の存在と評価の議論は関連しあっている。すなわち「反差別」の言説はすべて「差異」をめぐり展開してしまうのである。女は男とちがうのか、ちがわないのかというわけである。

ところが、一般にこの問いは必ず内部対立を生む。一方において「差別」であることを問題として立てるためには「差異」はないといわざるをえない。だが、こうした主張はしばしば、困難であるばかりか「現実的不利益」を生む。「差異」は被差別者の側にとって、依拠すべきアイデンティティである場合も多い。それゆえ、「差異」がないという主張は、被差別者の側からの反発をまねきやすい。

したがって「差異」と「差異の評価」、「現実的不平等」を差別することで「差別の論理」を打ち破ろうとする戦略は、論として正当ではあっても、個別的状況においてはしばしば相互に矛盾し、「反差別」の言説の成立を困難にする。「差異」の否定は、「差異」の「評価」の転倒と必ずしも両立する論理ではない。だが「差異」の否定を行なわずには、「差別」問題をそもそも「差別」問題として設定することが困難である。

実際、このような困難から「差異」を単に形式的に把握するだけでは充分ではなく、内容に詳しくたちいり、分節して論じようとする志向が生じてくる。否定すべき「差異」と肯定すべき「差異」を区別し、前者については偏見や現実的諸条件を変革することでなくしていき、後者に関してはむしろ積極的に受容していこうとする志向である。

たとえば、次のように「差異」を、㈠身体的・自然的な差異、㈡社会的・文化的に構成されたところの「差異」、㈢支配的集団の偏見としての「差異」等に分節するなどがその例である。(2) ㈠は障害者、老人、女性など、自然的・身体的な水準での「差異」を指し、㈡は財産、教育、労働条件等における「現実の不平等」から生み出されてしまった「能力」や「意欲」「意識」などにおける「差異」を指し、㈢は支配者集団が被差別者集団に対して与える様々な「偏見」を指す。そして㈢に対しては被差別者による自己ないしは差別者に対する批判によって、㈡に対しては「現実的な不平等」をなくし、それにより「構成された差異」それ自体をなくしていくことによって、「差異」を否定すべきものとする被差別者の側の「思い込み」を生み出す状況を変革していくけれども、㈠の実在的「差異」はむしろ積極的に承認していこうとするのである。なぜなら身体的・自然的次元での「差異」はけっして否定すべきものではなく、むしろ人間の多様性と関係における豊かさを生み出す積極的契機となることが可能だからである。「差異＝悪」としてしまう社会は、同質的存在しか許さない社会であり、そうした社会では「差別」は再生産されてしまうであろう。なぜなら、そうした社会を構成している人々の感性は「差異」の豊かさに向かってひらかれてはいないからであり、まさに変革すべきはこうした感性自体であるとされる。

そして現在の「反差別」運動の中にある「差異」それ自体を否定する方向と「差異の価値づけ」を変えようとする方向の分裂を、「差異」の次元の混同と、それゆえの「解放イメージ」の対立として把握する。前者は、㈡や㈢の次元の「差異」を否定しようと思うあまり、㈠の次元の「差異」まで否定してしまい、同質性を良しとする「貧困な解放イメージ」におち入ってしまっているとし、㈠の次元の「差異」を受容する「ゆたかな解放イメージ」による運動の構築を是認するのである。

　こうした論の立て方は現在かなり一般的であり、妥当なように見える。「差異」のすべてを否定するのではなく、偏見や社会的に生み出された「差異」は否定するが、本質的・身体的・自然的な「差異」はむしろ積極的に認めていく態度は、かたくなでない柔軟さを感じさせるし、その解放イメージは正鵠を射ているように思える。なぜなら、「差異の否定」はすべての「差別」において可能なわけではないし、また被差別者側からも積極的に自らのアイデンティティを差別者にむかって呈示したい場合もあるからである。「ブラック　イズ　ビューティフル」という言葉はすべての差別においても可能なのだ。「差異の否定」の論理はこうした方向と矛盾する。すべての「差異」が被差別者にとって否定すべきものなのではない。それゆえ「差異」の次元を区別して論じることは被差別者の矛盾を解決してくれるように見える。それゆえいま必要なのは「差異」一般を否定することではなく、「差異」の内容に深く入りこみ、それを吟味し、論じわけることであるかのように思える。むしろ積極的に「差異」を位置づけ、論じ直していくことのように思える。

　だがそうであろうか。一体、実在的な「差異」は「差別」の根拠なのだろうか。実在的な「差異」などあるのであろうか。もし「差異」が「差別」の根拠でないならば、「差異」を内容的に論じることは「差別」を明らかにすることにはならない。このことを明白にしておかないと、議論は意図に反して、別の方向に読みかえられてしまう可能性を持つ。

本章で明らかにしたいのは、先のように、「差異」の内容に詳しく立ち入り論じわけることは、「差別」現象を明らかにすることには無関係であるということである。「差別」は「差異」を根拠にしていない。実際「差別」現象においては被差別者はその属性や特性がそれ自体として問題になることすらないのである。被差別者は単に外見的、可視的な「標識」において認知され、それだけで「排除」されているのである。メンミが「差別主義」の定義でのべた「差異」とはこうした意味での「標識」であり、実在的な「差異」のことではない。

そのことを明示化しないままに、あたかも現在の差別者—被差別者の間に、実在的な「差異」が存在し、その内容的な吟味こそ「差別」問題の解決の鍵であるかのように立てることは、いくつかの点で基本的に誤っており、それゆえまた、「差別の論理」の貫徹を許してしまうものである。

第一に、「差異」の内容の分節は「反差別」の言説の困難性を根本的には解決しない。「差別の論理」のたてる「差異」の不当性は、それが自然的・身体的次元に「差異」を限定していないために生じているのではない。たとえ「差異」を実在的次元に限定して正確に論じようとも、その指摘がおかれた問題枠組によっては不当なものとなる。「反差別」

の言説の困難性は、この問題構図自体により生まれているのであり、「差異」の内容の次元での把握の不明確さにより生まれているのではない。

第二に、被差別者の「反差別」の言説間の対立・矛盾は、被差別者の内部における感情や解放イメージの相違・対立から生まれているのではない。被差別者が「差異＝悪」と規定せざるをえないのは、「解放イメージ」において「差異がない社会」を目的としているからではないし、被差別者が「差異＝悪」と「思い込んでしまって」いるからでもない。それは「反差別」という言説が要請される論理的構造なのであり、そもそも「差別」を「差別」として被差別者が問題設定する時に「強いられる」論理的要請なのである。不平等であると主張するためには、差別者と被差別者は同一のカテゴリーに入るといわねばならない。「反差別」という問題を立てなくては「社会的・文化的条件」＝「現実的不平等」を変革することはできず、そして、「社会的—文化的に構成された差異」の変革なくしては「自然的—身体的な差異」それ自体を「とり出す」ことはできない。それゆえ被差別者は、まさに問題を問題として立てるために「差異の否定」を要請されるのである。

女性が、「女性も男性と同じ能力がある」と主張せざるをえないのは、そういうことなくしては「差別」的事実を指摘できぬからであり、女性の側の「差異＝悪」という「思い込み」によるのではない。被差別者の「反差別」の言説の中に、しばしば「差異」それ自体を否定しようとする論調があるとしても、それは被差別者の「解放イメージ」の貧困さゆえのものなのではなく、「差別の論理」に対抗する「反差別」の言説が必然的に持たされてしまう主張なのである。

第三に、被差別者の「反差別」の言説において「差異の意味を変える」という戦略がとられず、しばしば「差異」それ自体を否定してしまうのも、同様に、「差別の論理」が設定する「差異」がそれ自体、問題設定として、特定の文化的・社会的条件に規定されているゆえである。「差別」における特定の「差異」の定式化は特定の社会・文化的条件に伴う、特定の評価的枠組を前提として立てられているのである。「差異」一般と、「差別」の課す「差異」とはまったく別である。

実際、被差別者は「差別」という外からしかけられ、いどまれた闘いを闘っているのであり、「解放イメージ」をもとにユートピアをめざして闘っているのではない。

第四に、「反差別」の言説間の矛盾の根拠を、被差別者内の「差異」の次元の認識の相異や、感性・目的・解放イメージの相違といった実質的な対立に求めてしまうことは、被差別者間の分裂や対立を実体化してしまう点において、認識を誤っているのみならず、有害である。

個別的な「差別問題」において、何をどの次元の「差異」とするか合意を得ることは非常に困難であることが予想される。被差別者は「差別」という事実の前において同一であるだけであって、その状況において多様である。一般に被差別者を単一カテゴリーの集団として規定するのは差別者であり、被差別者は「反差別」の運動過程において真に集団形成していく可能性はあれ、集団としての実質も、単一文化も持たぬことが多い。それゆえ、どの属性をどの次元の「差異」とするかに関しては、基本的に被差別者内部において対立が存在してしまうのが当然であろう。

「差異」の次元を区別して、被差別者の側の属性をどの次元の「差異」に対応するか決定していく作業は、当然、被差別者側の分裂と対立をひきおこす。たとえば、妊娠や出産を繰り返し経験している女性は、身体的次元の「差異」は、「労働能力」の差異を生み出すと主張するであろうし、子どもを持たないことを選択した女性、あるいは持ちえない女性は、「労働能力」における男女の「差異」は「偏見」にすぎないと主張するであろう。ここで後者を「差異」をなくすという方向での「貧困な解放イメージの担い手」と批判することは簡単である。または、一般の女性の状況を「理解せず」自分の利益だけを主張する「エゴイスト」と批判することは簡単である。だが、なぜ被差別者だけが、自己の主張の「倫理性」を断罪されねばならないのか。

軽い「障害者」は往々にして、自己の「障害」がほとんど日常生活に支障をきたさないのに、様々な「偏見」によって「差別」されていることに怒りを感じざるをえない。それゆえ、「差異の存在」自体を否定する論理にむかいがちである。他方、重い「障害者」はまさにその論理の中に自己の存在の「否定」を見出してしまう。「差異がないのに差別されている」と怒ることは、では、「差異があれば差別されていいのか」という後者の側からの問いかけを必ず生む。それゆえしばしば、軽い「障害者」と重い「障害者」の間の対立は「健常者」と「障害者」との間の対立以上に深刻になる。これを両者の間に「解放イメージ」の相違なり、「倫理性」の相違なりを実体的に「発見」し、一方を是とし他方を非とすることで解決するのは簡単である。だが、被差別者の側に分断をもたらし、相互の理解を不可能にさせてしまうものこそ、「差別の論理」なのである。真に批判されねばならないのは特定の被差別者ではなく「差別の論理」である。

むろん、被差別者内部においても、自己の主張をすべての被差別者にとっての解放の目標であるかのように主張する者もある。だが、被差別者が「差別の論理」によりしかけられた発話として「差異」を否定する時、それをあたかも直接的に被差別者が求める解放のイメージであるかのように一般化して読み込むのは、多くは差別者の側であることを指摘することは必要である。女性が職場における男女差別に反対して「女性は男性と同等の能力がある」と主張する時、では女は出産も育児も放棄して、男性と同等となりたがっているのだと再定義するのは多くの場合男性なのである。女性の多くは、「同等の能力がある」と主張することで単に特定の「差別」への怒りを表明しているにすぎず、自分が男性になりたがっているのだとか、ましてや出産や育児を放棄してしまうべきだなどとは思ってはいないことが多い。そのことがまったく無視されてしまい、職業的な平等への主張がそのまま、男性への同一化という解放イメージのゆえであるというふうに読み直されてしまう。そして、女性内部に非和解的な対立があるかのように読み直されてしまう。

こうした過度の一般化はそれ自体「差別」的現象の一部である。なぜならここにおいては、「差別」問題のもつ本質的な非対称的な問題設定が見抜かれておらずそのままになっているからである。

そもそも、なぜ被差別者だけが、おのれの属性に対して、身体的次元の属性なのか、社会的・文化的に構成された次元の属性なのか、それとも偏見なのか、等々を区別だてることを要求されねばならないのか。むろん、「差異」とは言葉の上では「相互的」な関係を意味する。しかし、「差別」における「差異」は基本的に、被差別者側に「固有の」「特殊な」属性として規定されている。それゆえ、「差異」の中でどれがどの次元の「差異」であるのかという細分化の試みはもっぱら、被差別者側の属性に対する記述となる。

特に、「障害者」差別など、圧倒的多数の「健常者」に対して「差異」を論じなければならない時にはこの傾向は明白である。だが、一般的な「障害者」などこの社会にはいないのである。いるのは単に様々な「障害」を持った人々だけである。実際その「障害」も単に社会構造からして、またはその基準からして「障害」であるにすぎない場合もある。ところが、「差別の論理」はまさにこうした「障害」を持った人々を「障害者」としてカテゴリー化し、「かわいそうな人」として「価値づけて」しまう。「差別」の問題とはこの次元の問題であり、「障害」の程度とか、内容を実体的に論じることとは何の関係もない。なぜ被差別者がおのれの属性を吟味する必要があるのか。それは差別者のしかけた論理であり、それに答える義務は被差別者にはない。

むろん、いわゆる「障害者問題」が「差別問題」で解消されないのは「女性問題」の場合と同様である。前者の場合、「障害」や「差異」の内容に詳しく立ち入る必要があるのはもちろんである。だが、「差別」の問題はこの次元とは別に立ちうるし、また、立てる必要がある。

なぜなら、「差異」の存在が人間関係の豊かさの契機となるような社会を志向することと、現実に「差別」が強調する「差異」の立て方を承認することとは別のことだからである。

自然的・身体的次元の「差異」だけに限定しても、「差異」は本来性別とか健常―障害とかいった枠をこえた多様なものでありうるはずである。ところが、この多様性への感受性を喪失させているものこそ、特定の「差異」だけの強調なのである。「差別の論理」の指摘する「差異」だけに着眼し、性別とか健常者―障害者の「差異」だけを自然的・身体的次元に限定して論じたところで、その「差異」が自然なもの、実在的なものであるということはできない。

それゆえ、「差異性を相互豊饒化のモメントとしうるような共生関係の実現[3]」のためには「差別の論理」が指し示す「差異」を実在的な「差異」として肯定していくことは、かえって、特定の社会・文化的条件が課す認識装置を普遍的なものとして絶対化していくこととなり、現実のゆたかな「差異性の世界」に対する感受性を失わせてしまうゆえに逆の効果しかもちえないということもできよう。「反差別論」における「差異の否定」は、けっして「差異性」をすべて否定しようとしているのではなく、多様な「差異」が人々の多様な関係をつくり出すための前提的条件をめざしているということもできるのである。

たしかに、「解放のイメージ」を言語化して提示することは重要なことである。だがそれと同様の、もしくはそれ以上の努力が、「差別の論理」の巧妙なしかけと「反差別」の言説の強いられる困難性の解明に向けられねばならない。なぜなら、「差別」問題の本質は、「解放イメージの自由な構想」を発話することを簡単には許さない「言説の装置」にこそあるのだから。そしてその装置の本質は、「差別」問題を常に「差別者—被差別者」というカテゴリーに投げかえし、両者の間の「差異」を実在的に呈示し、それぞれ固有の利害にもとづき特定の意図をもって発話すると解釈させてしまうこと自体なのだから。「解放のイメージ」を自由に語りあえる場をつくるためにこそ、「差別の論理」の解明は必要なのである。

このような次元で「差別」を把握すれば、今必要なのは、先の議論とまさに逆に「差異」の実体的な把握や感性や、解放イメージの問題ではなく、まさに「差別の論理」の形式的記述、その巧妙なしかけ自体の記述となるであろう。「差異の否定」という論理を直接に解放イメージといった社会構想の問題に結びつけることではなく、逆にこの二つの主張の間には直接的な結びつきはないと指摘することであろう。

　このようにとらえることは、「差別」問題を貧しくしてしまうことであるとして批判されるかもしれない。しかし、「差別」とは本来「貧しい」ものではないのか。「差別の論理」の持つ不毛な不当性こそ、被差別者の強い怒りを生んでいるものではないのか。であるならば、その「貧しさ」こそ徹底的に解明されねばならない。

　むろん、「差別」の「貧しさ」は、被差別者の感性の「貧しさ」を意味しないし、被差別者の生活や感性を手がかりにした解放論や社会構想の「貧しさ」を意味するわけではない。被差別者はその生活の内部において往々にして困難な状況に生きることで得られた、すばらしい生命観や人間観・自然観を持っているものである。だが、それは「差別の論理」が生み出したものではないし、反「差別」の言説にかかわらせて表現されるべきものでもないであろう。まさにそうした豊かさをそのまま表現しえるためにこそ「差別論」はこうした次元とは別の次元として立てねばならぬのである。

4 「排除」としての「差別」

前節において、「差異」の内容を論じることでは「反差別」の言説は成立するのが困難であることを示した。それは「差異」を論じるように要請するものがまさに「差別」を生み出す論理であるからである。「差異」を論じることが悪いのではない。「差別」を否定するために「差異」を論じざるをえなくなる、その問題の立てられ方を充分認識しないことが問題なのである。

前節で述べたような「反差別」の言説の困難性は、基本的には、「差別」が被差別者にしかけられた問題なのだということを理解せず、「差別の論理」が設定する問題枠組にそのままのってしまっているゆえに、その問いの内部で立往生してしまう点にある。すなわち「差別の論理」が立てた問いをそのままにして、その答えの不当性にばかり議論を持っていってしまうため、その問いの立て方自体、問題設定自体の不当性に気づかなくさせられてしまうのである。われわれが通常「差別」を批判するために不可欠と考えている枠組は、それ自体「差別の論理」の問題枠組にもとづいており、被差別者は「反差別」の言説において、自ら理論化が困難になるのである。

「差別の論理」はあたかも「差別」問題を解く鍵が「差異」をめぐる認識の是非にあるように問題をしくむ。被差別者は「反差別」の主張のために、当該社会に一般化している特定の差別者—被差別者の「差異」の認識を否定しようとする。そしてそのために、差別者側がそうした「誤った」認識を主張することを、差別者が持つ特定の利益心理や意図によって説明づけることに追い込まれる。すなわち、先述した「反差別」の論理、「現実には差異はないか無視しうるのに、それをあたかも絶対的なものであるかのように価値づけするのは、被差別者の被っている現実的不利益を正当化しようとする差別者の意図ゆえである」という主張をとらされるのである。

だが、こうした議論の立て方は以下の点で不適切である。(1)「差別」の本質は「差異」やその評価ではない。(2)「差異」やその評価は、その内容が差別者にとって利益をもたらすように不当に歪曲されていることが問題なのではなく、それらがあたかも「差別」の問題を解く鍵であるようにしくまれること自体が問題なのである。(3)こうした「差別の論理」自体が、「差別」の不当性を論証できぬようにしているのであり、「差別」がみえにくくなっているのは、差別者がおのれの「現実的」な利益を正当化しようとしているからではない。

一般に、「差別」を単なる「現実的」不平等や「現実と異なる」偏見として論じることは「差別」の本質的非対称性を明らかにしない。単に他者に対して「不利益」を与えたり「偏見」を抱いたりすることは、それ自体としては相互行為において相互的に生じうることであり、それは「差別」現象の特殊性を明確にしない。「差別」とは本質的に非対称的である。差別者と被差別者は非対称的に構成されるのである。この非対称性が明示化されない限り「差別」は論じられない。

「差別」とは本質的に「排除」行為である。「差別」意識とは単なる「偏見」なのではなく、「排除」行為に結びついた「偏見」なのである。「排除」とはそもそも当該社会の「正当な」成員として認識しないということを意味する。それゆえ「差別」は差別者の側に罪悪感をいだかせない。なぜならわれわれが他者に対する「不当な」行為に対して罪悪感をいだくのは、他者を正当な他者として認識した時であるからである。「差別」が「排除」であることから、被差別者に対するオーヴァー・カテゴライゼーションが説明される。すなわち、「排除」するために必要な他者の認知は最少でよい。「排除」すべきカテゴリーに属するか否かを知れば良いのであり、それ以上認知する必要はない。被差別者は特定の指標でもって簡単に「排除」され、それ以上の認知は行なわれないのである。

それゆえ、「差別」が実在的な「差異」やその評価づけゆえに生じると考えるのは基本的に誤りである。被差別者の特性に対する認識は、差別者はほとんど持たない。現実に被差別者がいかなる特性を持つのか、それが差別者といかなる「差異」があるのかを、差別者は考えようとはしない。実際、様々な「差別」において、その「差異」の定式化はしばしば時代によって異なるし、その評価もまちまちである。それらの「差異」は当該社会において「正当」とされる価値観によって定義され直すのである。ジプシーに対する「差別」は中世社会においては「宗教的差異」を根拠としてなされ、今日においては「住民登録」の無いことを根拠としてなされるというように。

それゆえ「差異」の定式化はむしろ、「差別」という現象を説明し、論理化する「差別の論理」の装置にすぎない。「差異」の指摘やその評価づけは、「差別」を強化し維持するかもしれないが、「差別」がなされねばならぬことを説明する論拠とはなっていない。ところがそのことは通常、被差別者からは論じられぬままである。被差別者は「差異」の存在の有無について「答えねばならぬ」ように問題を立てられてしまっているからである。だが実際、「差異」があるか否かという問いは二重拘束的な問いである。女性に対して、「女性は男と同じであるか、男とちがうか」という問いの二者択一をせまることは、どちらを答えても「不利益」を予想せざるをえないゆえに本質的に不当な問いなのである。「差異」が「差別」の必然性をすこしも「説明」するものでないことは、次のように考えることで示されよう。「差異」がいくら実在的に存在したとしても、実際社会の中には実に多様な人々がそれぞれ固有の状況をかかえて生きているのであり、そのことを考えれば差別者と被差別者の間の「差異」だけがなぜカテゴリーとしての被差別者全員に対して適用される「差別」的処遇を必要とするのかということは説明されねばなるまい。

たとえば、現代社会における「差別」問題において、仮に差別者と被差別者の間に能力の「差異」があるとしても、そのことは差別者と被差別者を別のカテゴリーに属する人として処遇する必要があることを証明しない。なぜなら、「能力」における「差異」に基づく処遇規則があれば、差別者と被差別者を能力にみあって別の待遇を行なうことは充分可能だからである。もし、あらゆる「差別」が「差別の論理」の説くごとく、「能力」や「身体的条件」などの「差異」に根拠づけられるとするならば、「能力」や「身体的条件」だけで別処遇が可能であるから、差別者―被差別者のカテゴリー化は不用であるはずであろう。「差異」やその定式化が何であろうとも、それは「差別的処遇」（＝「排除」）の必要性を何ら論証しない。

ところが、そのことが必ずしも充分気づかれていないのは、被差別者に対する「差別」があたかも「実在の差異」にもとづくものであるかのように論理化されるからである。「実在の差異」はあるかもしれない。だが、「差別」はそれゆえに生じているのではなく、単にそうみえるだけなのである。

むろん、多くの「差別」が「能力」や「業績」をかくれみのにしており、被差別者に対するカテゴリー化は表面にはあらわれぬ場合もある。それゆえ、こうした議論は形式的な水準での「差別」を否定することはできるけれども、実質的な「差別」の問題を認めてしまうゆえに、むしろ有害であると思われるかもしれない。だがそれにもかかわらず、こうした議論はまさにそうした「能力」や「業績」をかくれみのにした差別を批判するためにも必要なのである。

たとえば、障害者差別、性差別などは一見、「能力」や「身体的条件」に基づく「差別」であるように思えるが、実際はそうではない。もし「能力」や「身体的条件」それ自体が差別の根拠ならば、それは「障害者」や「女性」を排除する論理を必要としないであろう。それらが必要とされるのは実は逆であって、「能力」や「身体的条件」を判断させる変数に性別や障害者というカテゴリーが使用されているのである。すなわち、「能力」や「身体的条件」等の測定は実のところ非常に困難であり明示的でないのに対し、「性別」や「障害の有無」は明示化させられているので、それを「能力」や「身体的条件」の指標とする方が簡単なのである。

性差別や身体障害者差別の論理はこの意味で二重化されている。女性や障害者はカテゴリーとして「差別」されているのだが、その根拠づけとして「能力」や「業績」、「身体的条件」が利用され、その測定のためにまた、性別や障害の有無などが指標として利用されているのだ。結局女性や「障害者」は、女性であるゆえ、「障害者」であるゆえをもって「差別」されているということができよう。それゆえ、いくら女性が「能力」があることを説明しても「差別」はなかなかなくならないのである。なぜなら女性は女性であるゆえに「差別」されているのではなく、男性でないために「差別」されているからである[4]。

すなわち、女性は女性の固有性や特殊性によって「差別」されているのではない。それらはそもそも差別者の考慮の外にある。「差別」において女性は単に「男でない」標識を持つものとして意識されるにすぎない。そもそも女性はその能力や適性をそれ自体として認識されるべき位置にいないのであり、そのことが「差別」なのだ。
「差別」には二重の方向があるという。一つはタテの軸、すなわち差別者＝優越、被差別者＝劣等と価値づける軸であり、他の一つはヨコの軸、すなわち被差別者を「排除」する軸である。[5] この二つの軸において通常、前者だけが認識されやすいが、どちらがより「差別」の本質を示すかといえば後者の方である。「差別」は社会の中心的な組織形成のための、組織論的必要から生み出されたのであろう。それは組織から特定のカテゴリーに属する者を「排除」することを目的としていると思われる。ある人々を「排除」することで、内集団の結束や凝集力を高めうることができるのかもしれぬ。

だが差別の機能が何であれ、それが被差別者の特性や固有性とはほとんど無関係であることは明白である。「差別」は「差異」などに根拠を持ってはいないのである。「差異」の定式化やその評価はむしろ「差別」の不当性をみえなくさせるための装置である。

それゆえ、「差別」をあたかも「正当なもののごとく」に産出する「差別の論理」のもっとも重要な論点は、被差別者の特殊性、固有性を主張することである。このことこそ、もっとも重要な論理であり、すべての「反差別」の言説を困難にさせる効力を持っている。

それゆえ、「差異」とその評価をめぐる議論においてもっとも重要な論点は、被差別者に帰属させられる属性が否定的なものであるか、その評価が妥当であるかといった問題なのではない。それがいかに正確かつ適切なものであろうとも、「差異」とその評価が「差別」問題を解く鍵のようにしくまれている限り、その論は不当である。すなわち「差別」が「差異」にもとづくものであるかのように思わせる点において不当である。

この「差別の論理」は、形式的には次のような論理をとる。すなわち「差別」は本来特定の人々を「排除」する論理である。（むろん、女性は全体社会から「排除」されはしなかったし、他の差別でも完全に社会から排除されるわけではないことは同様である、だが差別者―被差別者の分離度が低い性差別においてすら、女性は男性の祭儀や戦闘・利潤追求などを目的とする組織集団から排除されているといいうる。他の差別においてはこの傾向は一層明白であろう）。図1の(a)は特定の組織を結晶する人々Aが特定の人々を「排除する」論理を指す。ここでの論理は明解であって（同義反復）、AがĀでないのは、ĀでないのがAであるからである。

ところがこの(a)は「根拠づけ」を欠くゆえに意識化されない。そしてĀとカテゴリー化された集合（異民族とかよそ者とか）がBという属性（野蛮、劣等）を持つことだけが強く主張され（Ā＝B）、それこそがあたかも「排除化」の根拠であるように意識されるのである。

このことの意味は次のようである。AはĀに対し、Aでないという理由でAの成員が持つ基本的権利を否定するのであるが、そのことはĀの属性（B）が提示され、Aの属性は単にその否定として示されることにより、あたかもĀの帰属させられるBという実在的な

「差異」的属性こそが、Aの$\bar{A}$に対する「差別」的待遇の根拠であるかのように装置の中にしくまれる。たとえば、女性が男性（A）から排除されるのは、女性が男性ではない（$\bar{A}$）ためにすぎないのに、あたかもそれが女性に帰属される属性（B）、たとえば女性が子どもを産む性であるとか、感情的・感性的であるとかいった属性を持っているためであるようにしくまれるのである。このように論理化することで「差別の論理」は、「実在的

表1　差別の論理

$A = \bar{B}$
$\bar{A} = B$

図1

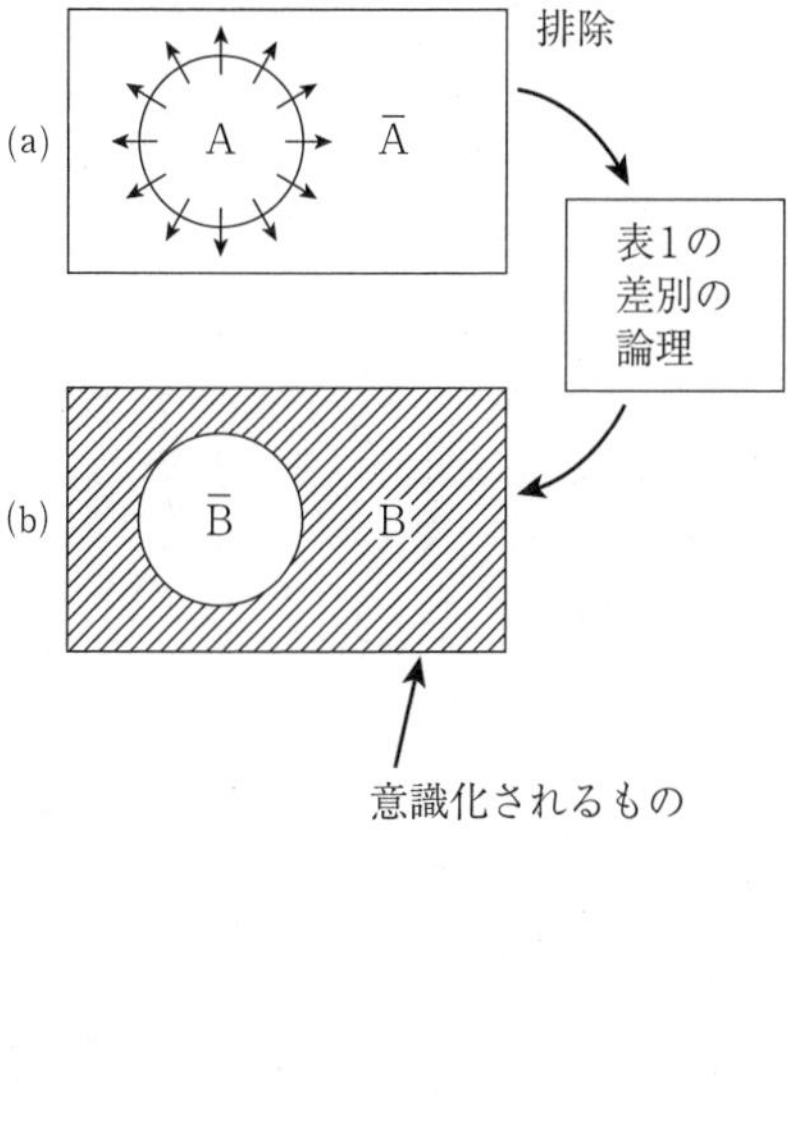

差異」という論の根拠を得る。

「ĀはAではない」という論理はトートロジーにすぎぬゆえに、それが「差異化＝排除化」の根拠だとすれば、その不当性は明白になってしまうが、Ā＝Bという等式をもち出してくればĀに帰属させられるBという属性こそ、「差別」の実在的根拠として示すことができ、その不当性は眼からおおいかくされることになる。

そして、このようにしくまれた「差別の論理」の効果として、被差別者が「反差別」の論理を立てることが困難にされる。「差別の論理」は、現実の「差別」的処遇の正当性を論証できはしない。いや、する必要すらないのである。なぜなら、被差別者が「排除カテゴリー」として位置づいていることを「差別の論理」はかくしてしまうので、「差別」を「不当」なこととして論説する責任は被差別者の側にあることになるからである。そして被差別者がこの「不当性」を論証することは困難なように問題を立ててしまうからである。

すなわち、「差別の論理」は差別者―被差別者を、被差別者の有徴性（B）と差別者の無徴性（B）として描き出す。このことによって「差別」はあたかも被差別者の側の「実在的な差異」に根拠があるかのように意識されることになる。すなわち、「差別」の責任の所在が被差別者自身にあるということを示唆するのである。それゆえ、被差別者は「反差別」の言葉を発する時、自らに向けられた規定性（Ā＝B）をまず打ちやぶらざるをえないことになる。ところが、この否定は、無徴性として呈示されている差別者と自らが同一カテゴリーに属している（$\overline{\mathrm{B}}$＝A）という主張をすることになってしまうのである。こうした主張をすることで被差別者は自らのアイデンティティを忘却し、差別者をねたむあまりに差別者に同化しようとしているとして、差別者、被差別者双方から批判を受けるはめになる。

もし（$\overline{\mathrm{A}}$＝B）という規定性を形式的に否定しようとするなら、$\overline{\mathrm{A}}$はBであることもないこともあるという主張を行なえるにすぎない。この主張は、「差別の論理」の総体としての「不当性」を見通さない限り、Bでない属性を持った者をも「差別」するのはけしからんという主張となりがちであり、被差別者集団内に分断をもたらすものとなる。すなわち「女は子どもを産むゆえに管理職になれない」という主張に対し、「子どもを産まぬ女までも『差別』するのはけしからん」という主張を行なうにすぎず、一部の女性の利益を代表することによって逆に他の女性への「差別」の「不当性」をみえなくしてしまうのである。

一般に、言葉とは単に世界を叙述するだけではなく、世界を叙述したり、問題を呈示したりする人間の権利・義務関係をも表現するものである。すなわち、「告発」とは単に社会現象の中に非難すべき現象が存在することを描写するだけではなく、ある人々こそその有責主体であると規定し、彼らの謝罪あるいは釈明、弁明を要求することである。「告発」が「告発」であるためには、単にある行為に対する否定的評価では充分ではなく、その行為が共同規範にてらして不適切であることが立証されねばならない。「告発者」はその立証責任を負うのである。その立証ができぬままに他者を「告発」する者は逆に社会的な非難をこうむる。

「差別の論理」は、その「不当性」を被差別者による「告発」により立証されねばならぬようにしくむ。「差別」が社会的にわけもたれた共同規範にてらして不適切な行為であることを立証する責任は被差別者にあるとされるのである。ところが、この論証の成功を阻害するのも「差別の論理」なのである。被差別者は「差別の論理」から、「差別」問題を解く鍵を「差異」に見出し「差異」の存否、あるいはその程度を「事実」レヴェルから論証しようとする。そして、当該社会で、特定の「差別的偏見」が差別者にわけもたれているることを、「差別者の利益心理」から説明しようとする。「差別者は自己の利益を守る意図をもって、被差別者の犠牲を知りつつ真実ではないレッテルを被差別者にはりつけるのだ」と主張するにいたるのである。

だが、このような論述のしかたは自己回帰的適用により「反差別」の言説自体を困難におとし入れることは明瞭である。「差異を強調し被差別者に不利に価値づけする」行為が、差別者の利益心理から生まれているならば、同様に「差異を否定したり、被差別者に有利に価値づけする」被差別者の行為も利益心理から生まれたものではないかという疑問を当然まねく。むろん、差別者の「偏見」が「科学」的論証により否定される場合もある。だが通常「科学的」な論証は非常に限定したことしか言い得ない。それゆえ、被差別者による「差別の告発」の説得力は、差別者の悪意（自己の利益を守るために被差別者に不利な「差異」の価値づけを行なおうとする差別者の意図）の存在、という論証に大きな比重がかからざるをえない。

だが、この論証はもともと困難である。なぜならこうした意図をもつことなく現象することこそ、「差別」が「差別」たるゆえんとすらいいうるからである。実際、差別者の側には被差別者に対する攻撃や悪意などまったくない場合がほとんどであり、被差別者からの「告発」に対しては逆に「いわれのない非難をこうむった」という印象を持ちがちである。立証できない「告発」は「告発」者の方が非難されるのである。それに対して被差別者の側は、差別者に対する怒りや攻撃意志、闘争意志にみちみちており、自らの利益を目的としていることは自明である。それゆえ、「差異の評価」において、どちらが自らの利害意識にとらわれることなく「事実」に即して認識できるかという問題を立ててしまえば、即断はできない。実際、被差別者は「事実」を解明するために「差異」を論じているのではなく、「差別」を告発するために「差異」を論じているのであるから。

実際、「事実は何かを解明する」問題枠組の維持のためには、討論者が「自己の私的利害を抑制する」という規範が要求されている。それが「真に」可能か否かは別として、一般に、討論者が特定の利益を目的として発言していることが指摘されると、「事実に即した」論証の全体が無効化されてしまう。

それゆえ、「差別の論理」にのったまま「差異」とその評価をめぐる議論を行なうことは、論の立て方自体が自らの論証を無効化させることになりがちである。

さらに、「差別」を差別者の意図の問題に還元する図式は、あらゆる「差別」に関連する発話を「差別者—被差別者」という対立図式、すなわち特定の利害関心にもとづく個人という実体的に構成された主体図式の中に回収し、「再解釈」してしまうような力を持っていることを指摘しておこう。あらゆる発話が、差別者の悪意や被差別者の利害関心といった「真意」を推測され、それによって「再解釈」されることになるのである。

この図式は被差別者自身が「差別への告発」の立証責任を負うことを考慮すると、被差別者にとって不利な図式であるとすらいえる。すなわち、「告発」すること自体が一つの「攻撃」として「解釈」され告発の立証を困難にするのである。あらゆる「差別糾弾」的行為につきまとうふっきれなさはこうした構図自体にはらまれる問題なのだといいうる。

さらに、こうした発話の回収装置、再解釈装置の存在が、差別者—被差別者に広く分けもたれると、この装置による「再解釈」の可能性を予期して発話せざるをえなくなる。その時発話は「自由」ではなくなる。それは「差別」に関心を持ち、また心理的に関与している者ほど強く意識せざるをえない。それゆえ、「差別問題」に深く関わる者ほど、「自由に」「差別」を論じることが困難になる。「差別」は基本的に「意識」あるいは「言語」の装置である。それゆえ、「差別」からの「解放」は意識、あるいは言語の次元での「解放」を不可欠にする。「自由」な発話はそのために不可欠である。ところが現実には、「差別」に深い関心を寄せる者ほど、その「解放」を語りえなくなるのである。

5 「性差別」の次元

「性差別」は「差別」であることが非常にみえにくくさせられている。それは、差別者と被差別者という関係が男と女という対カテゴリーとして把握されるゆえである。男と女というカテゴリーは、健常―異常といったカテゴリーと異なり、あたかも同等であるかのようにみえるのである。男と女の間の「差異」の存在は明白であり、それゆえ、男と女に対する様々な区別は「差別」ではないかのように思われるのである。

だが、「性差別」の次元は確かにある。それは、男と女という対カテゴリーはけっして同様には使用されないからである。女とは男ではないものを指すにすぎず男ではないという特殊性をおびたものとして、女は有徴であり、その特殊性が言及されるのである。性に対する、またその区別に対する様々な言語の多くはこの枠組の内部で生産されている。男と女というカテゴリーはけっして同格のカテゴリーとして使用されてはおらず、非対称的なのである。

実際、「差別」の「不当性」とはこうした非対称的なカテゴリー使用自体である。そのことがあたかも「差別」に対する「告発」の責任が被差別者にあるように思わせるのである。それゆえ、被差別者は「差別の論理」のしくむ問題状況にとらわれてしまうことになる。それゆえ、「差別」論はこうした問題設定自体の「不当性」、非対称性をこそ明確にすべきであろう。それなしには「現実の」不平等に対する闘争をつみ重ねても「差別」は本当には解明されない。被差別者にとっては「生身の」問題である「差別」をこうした形式的な水準で記述することは、その内容に立ち入ることがないゆえに反発も多いかもしれない。だが、被差別者が「差別の告発」においてすら感じざるをえない消耗感の淵源を把握するためには、「差別」という現象の意識的・言語的水準での把握、すなわち、その問題設定自体の「非対称性」、「不当性」を明確にする必要があるのではなかろうか。

注

(1) アルベール・メンミ『差別の構造』白井成雄、菊地昌実訳、合同出版、一九七一年。
(2) 福岡安則『現代社会の差別意識』明石書店、一九八五年、一五一ページ。
(3) 福岡、前掲書、一五三ページ。
(4) 山崎敬一「男と女――ことばという道具立て」江原由美子・山岸健編『現象学的社会学』三

和書房、一九八五年。
（5）福岡、前掲書。

II

リブ運動の軌跡

1　はじめに

一九七〇年に日本でウーマンリブ運動が産声をあげてから一〇年以上が過ぎた。この一〇年で、女性解放はどのような進展を示したのだろうか。一方において、女性解放という理念は広範に承認され、あたかも時代の中心的な主張であるかのごとくに「定着」したかにみえる。思潮全体の右旋回の中で、左翼的発言は流行遅れとなり、表面的にはすっかり姿を消し、当時勇ましい「革命的言辞」をはきつつ、リブ運動などには一顧だに与えなかった「進歩的知識人」たちが大挙して「女性」だ、「子ども」だ、「生活」だ、「教育」だ、「家庭」だと発言する時代になった。

だが、こうした表面的な成果と裏腹に、女性をとりまく現実はほとんど変化していないばかりでなく、女性解放の理念そのものの意義が忘れられかけており、一面において「女性解放への疑問」が声高に叫ばれるのを許してしまっているのではないか。現在十代の後半から二十代前半の女性の意識は性以外の領域においては驚くほど「保守的」であり、五〇年代のアメリカにおける理想的女性像、理想的家庭像（美しい郊外の家、豊かな生活、いつまでも魅力的な妻であり知性ある母親としての女性像）にも似た夢しか持っていないかのようである。アメリカのリブ運動が、こうした五〇年代の理想的女性像、理想的家庭像への幻滅と否定を踏まえて生じてきているのに比較して大きな相違があるように思う。

こうした相違が生じる一因として、日本における七〇年代前半のウーマンリブ運動が様々な理由により大きく歪曲された形でしか社会的に報道されてこなかったこと、その結果次世代の女性たちにほとんど影響力を持たなかったことが考えられる。現在のマスコミの「女性問題」のとりあげ方と異なり、当時の新聞や雑誌はリブ運動を決定的に嘲笑し、カリカチュアライズした形でしか報道しなかった。その記憶だけを持つ若い世代の女性たちには、リブ運動やウーマンリブと聞くと、ヒステリックな身勝手な女たちしか連想できない者も数多くいるのである。

こうした現状から考えて、今、七〇年代のリブ運動をふりかえり、その運動の中で一体何が求められたのか、何が焦点であったのかをとらえかえしておくことは、単に過去の運動を正確に次世代に継承するというだけでも意味があろう。さらにこうした作業を通じてわれわれは、リブの主張の内で譲りわたすことのできぬ地点をはっきり自覚し、われわれの前に開かれている選択肢を明瞭に認識することができるようになるかもしれない。

離婚の増大や、家族の解体・少年非行等を「女性解放」の結果であるかのように言いたてる風潮が一部に存在し、他方、行革がらみで福祉財源が切り捨てられ、「家庭」の見直しが御都合主義的にさけばれる今日において、単に振子のように状況に揺り動かされるのではなく、また願望論理から現実に眼をつぶるのではなく、問題を直視しつつ短絡的な思考や解決に走ろうとする気持ちを抑止し、自分自身の選択として、われわれの未来としての女性解放の方向性を創りあげていくためにも、七〇年代のリブ運動の見直しはその出発点としての意味を持つのではあるまいか。

七〇年代のリブ運動がたどった途をもしひとことで要約するならば、それはカウンターからオルタナティブへの途であった。差別された側、抑圧された側は、まず自らの負のアイデンティティへの反発から出発するべく運命づけられている。まず「作られた自分」からしか出発できないのだ。女性も例外ではない。なぜ、就職において差別があるのか。なぜ、女性は責任ある地位を与えられないのか。なぜ、給料が安いのか。女性の能力が低いわけではない。女だってできるのだ。「女性は情緒的だ」「女性は能力が低い」等々の社会的な常識に反発して、リブ運動も最初は、反「女らしさ幻想」に批判を集中していく。

しかし、負からの回復を求める運動はそれだけではけっして「主体的」な運動にはなりえない。「反〇〇」であるだけでは、けっして何者でもありえないのである。リブ運動は何度も試行錯誤を重ねながら、「反〇〇」であるリブ運動それ自体をさらに否定しながら、女が自ら選択しながら、女として生きるとはどういうことかを追い求めていった。この途がいかに困難なものであるかは、リブ運動の主張の中にあらわれる試行錯誤、行きつもどりつのジグザグのコースに見ることができる。

だが、まさにこうした試行錯誤こそ、リブ運動が単なる既成のイデオロギーの上に成立した婦人運動ではなく、真に女性自身が、自らの状況の中で展開していった運動であったことの証拠としてみることもできる。だからこそリブ運動をふりかえる意味もまた、あるのである。

2　七〇年代リブ運動小史

リブ運動という言葉は、日本では通常一九七〇年以後の「女性解放」を目的とする運動を指す。「女性解放」を目的とするということは、今日では目新しい主張でも何でもないように聞こえるが、それは六〇年代の「婦人問題」の把握の仕方を定義し直すものであった。

すなわち「婦人問題」という言葉が、あたかも女性が原因であるゆえに生じる問題であるかのような響きがあるのに対して、リブ運動は、「問題なのは女性ではなく女性の解放なのだ」と主張したのである。すなわち女性はその「無知」や「無能」ゆえに、男性（行政・知識人）によって保護・教育・援助されねばならないのではない。女性の問題とは、男性＝社会が作りあげている状況の問題なのであり、変革されるべきは女性ではなく、男性であり社会である。追求されるべきは女性の解放であるというわけだ。

敗戦後、GHQは日本における女性の解放を指令し婦人参政権が実現されたが、それとともに各種の女性運動体が一度に形成され、女性の政治意識の形成や女子労働条件の改善等を課題として活動を始めた。これらの運動は大きな成果を挙げたけれども、しだいに各政党や反体制運動各派の対立抗争にまきこまれ、分裂・対立を繰り返す等、女性運動としての自立性を失っていった。

こうした状況をもたらしたのは、女性の解放は婦人参政権の獲得によってすでに一応「達成」されたのだという認識であろう。ここから「婦人問題」とは制度改革に追いつかない女性の意識の遅れや能力の不足を補って民主主義社会の政治主体として、また労働者として自立させるという問題であり、そのための条件整備の問題であるという認識が生じたのであり、さらにはこうした「婦人問題」より優先すべき社会問題――たとえば階級対立――が存在するという主張を生み、女性運動を、女性解放以外の他の「より上位の政治目標」に従属させるという傾向を生んだのである。

しかし、高度成長に伴う社会変化は女性の状況を悪化させ不満と矛盾を増大させた。核家族化の進行、コミュニティの崩壊等が家庭を孤立させていったのに対して、住宅事情の悪化や生活水準の上昇に伴い主婦が働かざるをえない状況は強まっていく。女性の肩に家庭と労働との二重の負担がのしかかる。それにもかかわらず、「女は家庭」というたてまえは相変らずであり、またそのたてまえにのっとった形で職場における男女差別（賃金格差、雇用における差別等）は維持される。しかし、こうした矛盾を従来の女性運動は充分吸収することができなかった。

六〇年代後半の新左翼運動は、多くの女性を運動に参加させた。新左翼運動は既成政党や既成左翼組織に対する批判的視点を提供したけれども、「女性解放」論においては見るべきものは少なかった。それどころか、その運動体内部において性差別を再生産することもあったのだ。当然にも運動に参加した女性たちは、新左翼運動それ自体に対する批判と不満をつのらせていった。

新左翼運動は①既成党派に対する批判的視点を提供し、②運動のしかたを訓練する場を提供し、③直接のひきがねとなる動機をも提供したという意味で、良くも悪しくもリブ運動の母胎であった。初期リブ運動参加者は何らかの形で新左翼運動に関与していた者が多い。

一九七〇年に入り、各地で運動体が結成されはじめた。その秋、東京で「ぐるうぷ闘うおんな」を中心に「おんな解放連続シンポジウム」「解放のための討論会――性差別への告発」等の集会が相次いで開催され、日本のリブ運動は第一声を発した。このリブの主張は高度成長期を通じて堆積していった主婦層の不満・抑圧感を背景に、いかなる運動にもまったく参加したことがないような女性たちをも広範にまきこみ、短期間のうちに非常に大きな影響力を持つことになる。

ここに始まるリブ運動は、七五年を境に大きく二つに分けられよう。前半は、「ぐるうぷ闘うおんな」を中心にした世代的に若い無名の女性たちの小グループ連合体が担った運動である。その時期の最大の課題は「優生保護法改悪」阻止闘争であった。後半は「国際婦人年をきっかけにして行動を起こす女たちの会」等を中心にする前半に比較してより世代的にも社会的地位の点からも上の層の女性たちが活躍した時期である。

七〇年から七一年にかけ各地で様々なグループが結成されると同時に、それらのグループの相互連絡やミニコミの発行が相次いだ。この期間は「ムンムンする熱気」があふれ、「憤懣のエネルギー」が爆発した時期だったという（井上輝子・水田珠枝『思想の科学』七九年一〇月号）。七一年八月、長野県で第一回リブ合宿、七二年五月、渋谷の山手教会で第一回リブ大会が開催された。その同じ月、「優生保護法改正案」が国会に上程された。

日本のリブ運動は、アメリカのそれの単なる移入であったという意見は今も強い。たしかに日本とアメリカのリブ運動の間には、重点のおき方の相違こそあれ、全体としては驚くほどに共通点が多い。しかし、これを日本の運動がアメリカのそれの単なる模倣であり、必然性のないものであったと解釈することは誤りである。家族制度や文化的背景の相異を超えて、共通の問題——先進資本主義の矛盾としての性差別の問題——の存在こそが、この類似性を形成したと考えるべきである。

アメリカにおける女性解放運動は、一九世紀以来黒人解放運動と深い関連を持って展開されてきた。六〇年代の公民権運動の高まりは、リブ運動の展開にとって直接のきっかけとなるものであった。しかし、運動が広範な支持を受けた背景には中流階層の主婦層、中年女性の間の不満の蓄積があった。

一九六三年に出版されたベティ・フリーダンの『女性の神秘』(邦訳『新しい女性の創造』大和書房)は、こうした中流階級の主婦層に蔓延していた抑圧感や不満にはっきりした表現を与えた。彼女は一見恵まれた中流階級の女性たちが、実のところ労働においても結婚生活においても自分自身の生の充実感を得ることができず、自我の成長を阻まれていることをインタヴュー調査によって明らかにしたのである。そしてこれほど多くの女性たちが抑圧感に苦しんでいるのはその個人の性格の問題というよりも、むしろそれらの女性たちがおかれた社会状況の故であることを示したのであった。

アメリカのリブ運動は、一方における公民権運動やヒッピー運動の中で生じてきた世代的に若い活動家層と、他方における中流階級の中年主婦層という二つの源泉から生まれた

（ジュリエット・ミッチェル『女性論』合同出版）。前者は相互に緊密な連絡をとりあっている小人数グループのネットワークという組織形態をつくり出した。単位となるグループはせいぜい五人から三十人程度の規模であり、それぞれのグループは基本的に独立である。他方、後者はベティ・フリーダンを中心にNOW（全米女性組織）を結成し、マスコミ等を利用して社会的な影響力を行使していく。これら二つの運動体は、相互に影響しあいながら、時には対立しつつも協力してアメリカのリブ運動を展開していったのである（ジョー・フリーマン『女性解放の政治学』未来社）。

日本における七〇年代前半のリブ運動は、このアメリカのリブ運動における前者——すなわち世代的に若い女性たちの小グループの連合——の運動形態に近かった。それとの対比でいえば、七五年に結成された「国際婦人年をきっかけとして行動を起こす女たちの会」はむしろNOWに近い運動形態をとったといえよう。しかし、アメリカにおいてみられたこの二つの組織形態・運動体の間の相互協力は、日本の場合ほとんどなかったといっていい。

七二年五月「優生保護法改正案」が国会に上程されると、運動は大きく「優生保護法改悪阻止」闘争に向かっていく。具体的な課題を得たことで、グループ間の相互連絡・共闘体制は一層強まり、七二年九月「ぐるうぷ闘うおんな」が中心となって新宿に「リブセンター」が開設され、グループ間の連絡等運動の中心として機能しはじめる。

他方、七五年の国際婦人年は各政党・行政団体・マスコミ等によって「婦人問題」が大きくとりあげられるきっかけとなった。「行動を起こす会」はこうした風潮を的確につかみつつ、マスコミへの抗議行動等、世論を通じてこの主張を広めた。六月の世界会議開催と「メキシコ宣言」採択以後「婦人問題」は一種の流行現象のようにさえなった。

しかし「優生保護法」問題が一段落すると、初期のリブ運動グループはしだいに活動を低下させていき、七七年には「リブセンター」も休館になった。各地域の小グループは活動を続行させていったが、前半の運動に見られたラディカリズムは姿を消し、むしろ地道な女性史研究や女性学研究、または消費者運動等が中心となっていく。前半のリブ運動がマスコミから嘲笑されつづけたのに対し、こうした運動は社会的な支持を受け、「婦人問題」の流行現象を支えていくことになる。すなわち後半のリブ運動は、前半とは異なり広範な「社会的承認」を受けたのである。それには「行動を起こす会」のような、ある程度知名度がある女性たちの組織の結成や、大学関係者・研究者等による女性学研究組織の結成も力を及ぼしたであろう。

だが、こうした運動組織の交替、主体の交替という形で達成された「女性解放思想」の「社会的承認」は、前半のリブ運動の提起した問題の深化を不可能にし、表面的な理解にとどめさせる働きをしたように思われる。すなわち初期リブ運動の提起した問題は充分ひきつがれることなく、今日にいたっているのである。

したがって次節からは、主として前半におけるリブ運動に焦点をあて、その主張の内容を検討してみることにしよう。なぜなら、その初期のリブ運動の主張にこそ、なぜ七〇年代において女性解放が問題化されざるをえなかったかという問題、すなわち新しい女性解放運動の必然性を切り拓く視点が存在するからである。

3 「文体」の解りにくさ

聞く力を持っていない者には聞かせない！　と言ってなぐり倒す奴は「聞きたくないから聞かない」や「話したくないから話さない」という甘っちょろさをえぐる。話しまくる奴が一〇〇の単語を持って相対する時、女はことばを話せないもどかしさとくやしさを体（からだ）化したところで張りつめあい、対峙する。（「ぐるうぷ闘うおんな」ガリ刷りビラ「刑法二一二条は堕胎児にしか歌えない」一九七一年より）

初期リブ運動ほどその主張が社会から反感を持って迎えられた運動も少ないだろう。実際、なぜリブ運動がこのように遇されたのかということは非常に興味深い問題である。なぜならこの「反感」はリブ運動が従来の女性運動の限界を切り拓いたことの逆説的な証しでもあるからである。

リブ運動が多くの人々に反発を感じさせた一因として、その「文体」の解りにくさをあげることができる。それは「解りやすく」人々に説きすすめたり、論理的に展開する通常の社会運動の文体ではなかった。それはあたかも挑発することを、理解を拒絶することを目的としたかのごとくであった。こうした文体を採用した背景には、当時の文化状況、特に対抗文化運動の影響があったろう。当時、ヒッピー等の対抗文化においては、わざわざ「体制的文化」からは毛嫌いされるような行動・服装・言動をとることによってそれを批判するという戦術が一般的であったのだから。だが、リブ運動がこうした文体を採ったのには、さらにより本質的な理由が存在したのではあるまいか。

ある語り口・文体の選択は、それ自体ひとつの役割選択である。それは書き手の自己把握を示すことになる。リブ運動が挑発的な、理解を拒絶するような語り口を採ったのは、従来の婦人運動とはまったく異なる自己把握を運動への参加者・活動家たちが持っていたことのもっとも明瞭な表現であったろう。

従来の婦人運動は、社会的に高い価値を付与された女性の役割や地位・属性に依拠して展開されてきた。母親運動は「母」としての女性、労働運動においては「女子労働者」としての女性、主婦運動は「主婦」としての女性。これらはいずれも、社会的に女性の生き方として承認された役割である。もしこうした女性の役割イメージ＝アイデンティティに依拠して主張を行なったとするなら、その主張は世間にすぐ通用したであろう。

だが、リブ運動は、「母」や「主婦」や「女子労働者」といった社会的に承認された役割イメージに依拠することを拒否した。なぜなら、リブ運動の提出したかった問題とはまさに、女性がひとりの人格として承認されずに、様々な社会的役割によって内面から引き裂かれていること自体であったからである。すなわち社会通念において示されている女性の肯定的イメージというものが、いかに部分的なものであり、そうした「女らしさ」を受容して生きることがいかに抑圧的であるかということこそ問題化していたからである。

ひとは依拠すべき役割イメージを失う時、「語る」ことが困難になる。従来の自己アイデンティティがほとんど借り物であり自分本来のものでなかったことに気づいた時、話し出すことで、また他者の内に偽りの自己のイメージが再生されてしまうことを恐れるあまり、話せなくなるのである。リブが「理解」よりも「拒否」を望んだのはあまりにも強い性別意識の中で、自己の内にも他者の内にも張りめぐらされている罠にとらわれることを何よりも恐れたからであろう。

「わかってもらおうと思うは乞食の心」(田中美津『いのちの女たちへ』田畑書店)。女性の内面に深く食い込んでいる「女らしさ」の神話はそれを拒否しようとする女にもいつのまにか忍び寄る。

「リブって何ですか」と聞いてくる男にともすればわかってもらいたいと思う気持が

> 湧いてくるからこそ、顔をそむけざるをえないあたしがいるのだ。男に評価されることが一番の誇りになってしまっている女のその歴史性が口を開こうとするあたしの中に視えて思わず絶句してしまうのだ。
> いま痛い人間は、そもそも人にわかりやすく話してあげる余裕など持ち合わせてはいないのだ。しかしそのとり乱しこそ、あたしたちのことばであり、あたしたちの生命そのものなのだ。それはわかる人にはわかっていく。そうとしか云いようのないことばとしてある。（同書）

だが、この文体故にリブ運動は「ヒステリック」「非合理的」「感情的」「支離滅裂」といった、ありとあらゆる罵詈雑言をマスコミから浴びせかけられたのである。リブと見れば嘲笑し、からかい、馬鹿にしてかまわないという風潮が、確かに当時のほとんどのマスコミに存在していたのだ。

女性への抑圧はけっして明瞭なものではない。多くの女性は「世間に従ってさえいれば」結構暮らしを立てることができ、夫の給料で毎日三食昼寝つきの生活を手に入れることができることを知っている。この境遇は、生命の危険に脅えたり、飢えに苦しむ人々の境遇に比較すれば何とも「幸福」なものだといえるかもしれない。

だが、一見「幸福」にさえ見えるこの境遇は夫の経済力によって左右される不安定なものでしかない。独身女性、死別・離別した女性たちは、この社会で女が生計をたてようとすればそれがどんなに困難なものかを思い知らされる。低賃金や育児施設の不備等々、女性の経済的な自立を阻む要因は多い。中高年独身女性や母子家庭は今日でもいまだ、孤独や貧困と結びつけてイメージされやすいのだ。

多くの女性たちは、こうした「不幸な」女性のイメージを横目でにらみつつ、「幸福」を求めて「自ら選択して」、「主婦」「母」「妻」という伝統的な女性の役割を受け入れていく。だが、こうした「自己選択」の背後に、実のところ、他の選択が事実上閉ざされていることによるところの「見えない抑圧」が存在するのではあるまいか。

リブ運動は、現代女性のライフ・サイクルを次のように描いた。高校や大学を出て、二、三年働いて結婚。二年ほど共稼ぎをして子どもができると退職、出産する。五年ほど育児に専念し、下の子が幼稚園に入った頃から、パートに出て家事と労働に追われ、やがて子どもの入学とともに教育ママに変貌し、下の子の自立、結婚とともに夫婦二人でとり残され老後を送る。

多くの女性はこうした人生を歩んでいるし、女子高校生の未来展望も多くはこれに近い。だが、これは本当に女性の「自己選択」の結果であろうか。「適齢期」をすぎたら結婚はむずかしいと周囲からおどかされ、職場では女は結婚するのが当然、結婚したらやめるのが当然と退職圧力がかけられる。結婚すれば今度は子どもは産むのが当然、産まぬ女は

「異常」なのではないかと実家や親類からの陰に陽にの圧力。一人産めば、二人目を産まぬは「異常」とばかりにまたまた周囲の大合唱。これらの女性を枠の中に押しとどめる力は、心理的・社会的・経済的等様々なレヴェルで何重にも作用しており、女性に一定の「選択」を強いているのである。

一方において、「男は仕事、女は家庭」というイデオロギーが正当なものとしてまかりとおり、働く女性は家族に対し罪悪感を持たざるをえないのに、他方において主婦が働くことは、家計にとっても社会にとっても不可欠のものになりつつある。昔から女が家事だけしていられた階層はごく豊かな階層だけであり、ほとんどの女性は生産に従事していたのだ。

だが「男は仕事、女は家庭」というイデオロギーは、こうした事実をおおいかくし、働く女性に家事・育児の責任を押しつけ、低賃金の未熟練労働力・パート労働力として労働することを受容させる機能を果たす。家族に迷惑はかけられないからと、その不利を知りつつパート労働を選択する女性がいかに多いことか。なぜ女性だけが、働くことをいつも誰かに言いわけしていなければならないのか。なぜ女性は働かなくてはならず、また同時に専従の妻であり母親であることの方が望ましいという気持ちを表現しなくてはならない状況にあるのか。

独身であっても、既婚でも、子どもがいてもいなくても、働いていようが専業主婦であろうが、女性はすべて「主婦的状況」にあるのだ。一人の男に、家に従属し「主婦」となってはじめて女は社会から承認されるのだ。結婚して「主婦」になるとは、女がその存在を社会から肯定してもらうほとんど唯一の手段なのだ。他のすべての女性の状況は「主婦」との比較において定義されるにすぎない。

だからこそ、独身女性はなぜ結婚しないかを、働く女性はなぜ働くかを、子どもを産まぬ女はなぜ産まないのかを周囲の人々に対し、社会に対し、言いわけし説明しなければならないのだ。女性の労働は「家計補助的」なものであり、だから低賃金でかまわないとされているからこそ、独身や死別・離別した女性たちはそれでは暮らせないと声を大にして福祉を要求せざるをえないのである。

たしかに、普通の女の状況ははた目には結構「幸福」にみえる。だが、あの人よりは自分の方がまだましだ、母子家庭よりはまだましだと、他人と比較してしか自己肯定できぬ者は本当に幸福であろうか。「とり乱させない抑圧は最も巧妙で質が悪い。その抑圧はヒトとヒトとの間から出会いを取り上げる」（田中美津『いのちの女たちへ』田畑書店）。リブ運動は、自分の生を男に、家に従属させてそれに「生き難さ」も感じずにいられるのは、それ自体抑圧の結果ではないのかという問いをつきつけた。なぜなら、女性が本当の意味で自分の生を自分で決められるためには、「女がひとりで生きていける社会」が不可欠のはずなのだから。

リブ運動は社会的に是認された女性の役割（「母」や「主婦」や「女子労働者」等々）から出発したのではなかった。では一体、それらを拒否して何を求めようとしたのか。

リブ運動を一部の「エリート女性」のはね返りと考える人々は、リブが「主婦」や「母」等々の役割に依拠しなかったことをもって、リブが「普通の女性」を軽侮し、切り捨てている証拠ときめつけた。だがそれは誤りである。それはリブ運動への共感がもっとも高かったのはごく「あたりまえの女」（主婦や学生、パート労働者等々）だったのであり、逆にリブ運動の主張にもっとも動揺し痛みを感じたのが専門職についていたいわゆる「エリート女性」であったことからも知りえよう。

専門職の女性たちは、女性であるゆえの様々な差別と闘い、家事・育児と悪戦苦闘しながら職業への途を切り拓き維持しつづけた。リブは、従来の婦人運動においては理想像ですらあったこれらの女性たちに背後から批判の刃をつきつけ、本来ならばもっとも力強い味方になるはずの彼女らの多くを敵にまわしてしまうことにすらなったのだ。

ではなぜ、リブは「エリート女性」を批判したのか。第一にリブは、「ひとりのエリート女性が認められるためには何人もの女が犠牲になる」と主張した。ひとにぎりの才能ある女性たちは家事・育児をまわりの女性に押しつけたり、自分だけはそれを回避することで自らの能力をのばしていく。だが、多くの女は才能がないゆえにこうした生き方をとりえない。能力・才能・資力等によって「女の仕事」に縛りつけていい女と、そうでない女とが区別されていいはずはない。すべての女性が解放への途を歩けないような解放論は誤っているのだ。

第二に、こうした有能な「エリート女性」自身が本当に自らの生、充実した生を選択しているのかとリブは批判した。確かに専門職の女性たちは開拓者として骨身を削る思いで働いてきた。だがそれは、男性や企業の評価によって自分の価値を承認してもらいたいという点でまったく他律的であり、多くの場合、自らの様々な可能性、特に家庭生活や私生活を犠牲にしたものではなかったか。たとえ、因習的な女性の生き方を拒否し、「男並み」の地位を手にし職業人として成功したとしても、ただそれだけではその女性が解放されたわけでもなんでもないとリブは主張した。

女は〝人間〟と〝女〟に引き裂かれている(マンはマンなのだ)。かつての「新しい女」は自らの女を切り捨てることで「人間」に近づこうとした。女の解放については論じつくされているかに見えるが、今までの「婦人」運動のほとんどは〝人間〟と〝女〟の分裂した事実に目をつぶり、女とは何かの根源的な問いを切り捨てている。

(亜紀書房編集部編『性差別への告発』)

「人間」という概念が実のところ男性を指す時、「人間」であろうとすることは女性であることを切り捨てることを意味する。「女らしさ」の拘束に反発するあまり、逆に女性である自分自身の可能性をも否定するような罠の中に入りこんでしまう。どの時代、どの社会においても「特別の女たち」のための席は必ずある。「女の甘えを捨てた」女たちは「女には珍しい有能な人材」として特権的な席を与えられ処遇されるのだ。だが、本来のありのままの自分としてではなく、幾重にも「知識」や「才能」を着込んで初めて与えられる「男並みの席」とはそんなにも輝しいものであろうか。

初期リブ運動の活動家たちは、「エリート女性」たちの「解放」の背後にある欺瞞性を鋭敏にかぎわけた。おそらくそれはこれらの活動家たち自身、自らの内面のうちに「エリート女性」と似通った精神構造が存在することに気づいていたからであろう。新左翼運動の中で育ってきた多くの初期リブ運動活動家たちにとって、新左翼運動の中で男に評価してもらおう、男並みの活動家として認められようとして、マルクスを論じレーニンを勉強し「理論武装」しようとした自分、運動の中のマスコット的存在であることを拒否し、下働きに甘んじることを拒否し、男性と対等の活動家になるために必死にあがいた自分の記憶は苦々しいものであったに違いない。

なぜなら、それもやはり男性による評価を得ようとすることにほかならなかったのだから。その意味では「エリート女性」批判は、立場は違うが精神的に近い存在に対する近親憎悪であったに違いない。

だが、自らの内面の注視を経て得た「エリート女性」に対する批判的視点は、女性が常に男性の評価を求めて、男性の方にだけ顔を向けてきた状況を認識させるに至る。立場こそちがえ、エリート女性や新左翼活動家も、普通の女と同じく自分自身の存在価値を男性から評価されることに求めてきたのだ。女はこれまで本当の意味で女たちに顔を向けたことはなかったのではないか。女性が本当に解放されるためには男に顔を向けて話すのではなく、女が女たちと手を握り自分の存在の価値を自分自身によって承認する必要があるのではなかろうか。「女から女たちへ」という言葉には、こうした精神的態度の根本的な転換が含まれていたのだ。

男にとっては女とは母性のやさしさ＝母か、性欲処理機＝便所か、という二つのイメージに分かれる存在としてある。（パンフレット「便所からの解放」より）

女が女に向かいあっていく時、われわれは女性が他の女性を蔑視し相互に侮蔑しあってきた歴史を見出す。最も深い対立は、家婦と娼婦の間に存在する。男性は一方において聖なる存在＝母として女性をたたえ、他方、汚れたもの＝性欲のはけ口としての女性を蔑視する。そして、この対立するイメージを現実に生きる生身の女性の上に貼りつけ、一方における血統を維持する貞節な家婦と、他方における性欲を処理する娼婦を色わけし区別する。この対立は様々な付加的な意味を付与され、一方に対しては他方を、相互に引き合いに出されつつ対照される。

この構図はあまりにも普遍的なのであたかも自然そのもののように見え、女性もまたこの対立のままに自分と他の女を見はじめてしまう。だが本当に家婦と娼婦は生身の女にとって分断されうる存在なのか。女は同時に家婦であり娼婦でありうる。すなわち家婦だけでも娼婦だけでもありえない、ただ女であるだけではないのか。

団地の主婦の「しみったれた生」と対比させて「娼婦に対するロマンとあこがれをインテリ性ゆえに過大に評価する」男の弁舌を聞いて、何か変だ違うと思いながら、とうとうその時は何も言えなかったというあるリブの活動家の女性は、あとからこうつぶやく。

娼婦じゃない私はね、娼婦のことをどのようにも言えんよ。子宮を持ち、子宮にまつわる女の性の歴史の中の一番尖鋭的な娼婦をロマンで語れない。ましてや娼婦だからみじめだとか、普通の団地の女よりはずっとイキイキしてるとか、そんな事どの口からも言えるか。どちらも不自然さを感じるよ。男に体をまかせ、何億もの精子を一手に引き受けていく仕事ゆえに娼婦がみじめであるというのも、一人の男に合法的売春をしている市民社会の代表選手である主婦の意地きたなさよりは、娼婦をして子供を育て借金を返し『雄々しく生きる』というイメージが買われている所の娼婦の生き

生きさを評価するのもどっちもうそっぱちを感ずる。（「ぐるうぷ闘うおんな」発行のガリ刷ビラ、一九七一年）

家婦の代表としての団地の主婦を娼婦に対比させてその娼婦に革命の夢やロマンを託そうとするのも、逆に娼婦をみじめな存在としてあわれむのも、ともに「うそっぱち」でしかないと看破する彼女の感覚は確かである。女にとって家婦も娼婦もともに一面的な規定性でしかなく、どちらであることも同じ構造の内に閉塞されることでしかない。同じ性を持ちながらなぜ女はその性を「子産み機械」か「性欲処理機」かに区分けされねばならないのか。どちらにしても男たちが女に勝手に押しつける規定性でしかないのではないか。

リブ運動は従来の婦人運動においては切り捨てられてきたところの、性的対象としての女の問題に切り込んでいった。「食いっぱぐれたら水商売」。女は誰も自分の性が商品になることを知っている。自分の性を商品とすれば、若くてきれいなうちは確実に「食う」ことができる。女がひとりで生きることを容易には許さない現代社会の裏面で、いかなる形にせよ身体を売りさえすれば楽々食えるというもうひとつの事実が厳としてある。

従来の婦人運動は、娼婦を救済と矯正の対象としてしか扱ってはこなかったのに対して、リブ運動はこの構造それ自体を問題化していった。もし娼婦が何人もの男に性を売っているゆえに蔑視されねばならぬのなら、「妻」もまた一人の男に身体を売って養ってもらっている存在にすぎぬのではないか。女が一人で生きられない限り、性は「食う」ための手段となり、商品となる。性を自分の手にとりもどさぬ限り、家婦であれ娼婦であれ、商品でしかないことにちがいはない。

もし女が女と向かいあっていくならば、社会の価値観にそのまま乗って他の女を切り捨ておとしめることは許されない。この社会であくまで他性でしかない女性は、男性が女性に押しつける様々なイメージに「分断」されている。「聖なる母」や「貞節な妻」「妖婦」「売女」「聖処女」「ズベ公」等々……。これらは万華鏡のように相互に照応しながら、女と女を分断し対立させ蔑視と嫉妬を生んでいく。だがこうした規定性に自らのアイデンティティを求めていく限り、女性は他の女性と出会うことも自分自身を発見することもできないのだ。

リブとは女の生き難さを力を合わせて打ち破っていくとともに、最も反目しあってきた女と女との関係性の中にエロスを甦えらすことを通じて、主体を確立することを目指す運動だとあたしは思う。（田中美津『いのちの女たちへ』）

リブ運動においては、一見まったく私的な問題に思えるようなひとりひとりの女性の怒りや憤りを切り捨てることなく、それを運動のエネルギーに吸収することがめざされた。

通常の社会運動の中では「下らぬおしゃべり」として無視されるような、個別の女の痛みや経験の吐露が集会で行なわれたのである。リブ集会ではじめて、バカにされるのではないか、一笑に付されるのではないかという恐れを持たずに自らの体験・経験に根ざした不満や憤りを表現できた女性も多かった。初期のリブ集会の「ムンムンとわきかえるようなエネルギー」は、こうしたひとりひとりの女の自分自身の怒りを吐き出すことで生じたのだ。

こうした過程を経て、女性は自らの内面に食い込んでいる抑圧を自覚化していくことができる。この自覚化は「教義」や「理論」を学ぶよりも運動にとってより重要である。なぜなら、女性への抑圧は日常的でありそれはあまりにも強いので、ほとんど無意識的な自己抑圧と化してしまっていることが多いからである。この自己抑圧に気づくことなくしては、問題の所在も解放の方向もわからないはずであるから。

だが、こうした個人的・私的な体験を相互に共有することで見えてきたことは、その問題がいかに共通のものであるかということであった。女性は家庭にそれぞれ孤立化させられているゆえに、自らの体験を個人的・私的なものとして位置づけてしまいがちである。だが、それらは多くは同じ社会構造に根ざしているのだ。したがって、相互に個人的な経験を話し合う中から共通の問題の存在を認識し、それを政治化することができるとリブ運動は気づいていった。

アメリカのリブ運動においては「個人的な体験の政治化」は、運動参入者に対するオリエンテーション・プログラムとして、方法的に意識化され、グループ討論によって参加者の意識変革を行なおうとした。これは「意識高揚」(コンシャスネス・レイジング)と呼ばれた。日本ではこうした活動家養成のための教育手段として意識変革を位置づけることはなかったけれども、初期の集会や合宿は自然にその機能を果たしたといえる。

自らの体験から出発しその共有化を通じて問題を確認し政治化していくためには、従来の社会運動におけるのとは異なる他者との関係のあり方が必要である。一方において自己や他者の痛みが共感されうる受容性が集団に要求されるとともに、他方、こうした各自の痛みをそれぞれが相対化し、客観化できるような回路が不可欠である。

従来、多くの社会運動や差別問題においては、「理論」によって個人的な問題を切り捨てるか、逆に特定の個人の痛みを絶対化・神聖化してしまうか、いずれかであった。各自が自分の痛みを被害者としての意識でのみ把握していたのでは、けっして立場の異なる他者と了解しあうことはできない。多くの差別問題における困難性は、ここにある。

リブ運動では、一方において運動から「他人のため」という大義をとりはずし、「等身大」の自己解放運動とすることで個人的な体験の切り捨てを防ごうとし、他方において、「戯画化」によって痛みの自己絶対化・自己陶酔を防ごうとした。「とり乱し」という言葉はリブ運動において多くつかわれたが、これは一方において「とり乱さざる」をえない女の痛みへのいとおしみと、それを「とり乱し」であると冷静に見据えている視線の存在を示している点で、リブ運動の認知構造を凝縮して呈示していたのである。

> そもそも白昼堂々リブを名乗る程の主体なんかあたしたちは持ってやしない。それでも敢えて名乗ってるんだから云ってみりゃ最初から背中に恥の一字をへばりつかせての「決起」なわけ。（リブ新宿センター「この道ひとすじ」第二号、一九七三年）

> 抑圧のそのよって来たる由縁を明らかにしていくことは云うまでもなく大切だが、しかしさらに問題なのはそれがわかったところで、あたしたちはその作られた現在、作られた自分からしか出発しえないというそのことなのだ。（田中美津『いのちの女たちへ』）

この運動主体の限界性・部分性への気づきが、自己相対化と他者への了解の回路をひらき、日本の運動においては稀な、複数の視点の交錯と他者への許容性を可能にしたのだ。リブ運動の主張の特徴の一つとして、従来婦人運動においてタブーとされてきた、性や身体の問題を積極的に取り上げた点を挙げることができる。リブ運動は男性中心的な現代の性文化に対して徹底的な批判を行なうと同時に、強姦や性犯罪をこうした歪んだ性文化の生み出したものとして位置づけ、警察や病院のそれに対する対策や、被害者である女性へのとり扱い方の内にひそんでいる性差別イデオロギーをあらわにした。他方、医療の中での女性の性、妊娠、出産、人工妊娠中絶等の扱い方をとり挙げた。

この過程でリブ運動は、女が自分の身体をいかに知らないか、自分の身体をいかに易々と男性や医師の手に譲りわたしてしまっているかに気づくことになる。確かに女性は自分の身体をみがきあげかざり立てはする。しかしそれはあくまで外見、他者から見た対象としての自分の身体にすぎない。この社会で「優美な」女性である条件は、身体の外側の装いにはあらゆる気配りをみせながら、他方「自分に身体（からだ）があるなどということには全く気づかぬ」ふりをすることである。女は装いこそすれ、その装われた身体はファッションの台以上のものであってはいけないのだ。女性の身体は、女性自身のためにではなく、他者のためにあるのだから。

女性の身体は子を妊むことによって、一個の男の手からそのまま「家」や「民族」の手に、現代では「国家」や「医療」の手に引きわたされる。「あなただけの身体じゃないのだから」という言葉の裏に、妊娠により突然関心の的となり監視の対象となった女性の身体がほのかに見えてくる。現代では妊娠した女性の身体は堕胎罪や優生保護法や母子保健法により「保護」されるとともに「拘束」されているのだ。女性は妊娠とともに、自分の身体への権利を部分的にせよ剝奪されてしまう。医療体制は、女性の身体を「専門的に」

すなわち「物」そのものとして扱う。

それゆえ、もし女性が本当に解放されたいのならば、自分の身体を自らの手にとりもどさねばならないという考えが生まれてくる。そのためには第一に、見たくないという気持ちをおさえて、現実に女性の性が現代の性文化の中でどのように扱われているかを直視する必要があった。現代の男性中心的文化の中では、女性の身体は単なる肉塊として扱われている。男たちは陰湿な笑いとともに、女性の身体を話題にする。

リブではそうした男たちが女の身体に投げつけている言葉をあえて「白昼堂々と」運動のパンフやビラの中にぶつけていく。リブの発行する文章の中には「良識」ある人々の顔をしかめさせる言葉が並ぶ。「便所」「セックス」「性器」「尻の穴」等々。これらの言葉は「女が口にすべき言葉ではない」とされてきたゆえに、リブがあえてこのタブーをやぶったことは、リブに対する反感と嘲笑を招く一因となった。だが、逆に女があえてこれらの言葉を使うことで、リブは男性以上に酷薄に現代の性文化の醜悪さと欺瞞性をあばくことができた。男たちがリブに示した反感の一因には、自らの醜い姿を見せつけられたこともあったにちがいない。

したがって、リブの性に対する態度は単に性をオープンにすれば良いという発想とは異っている。「『オマンコ』のひとことはこの世界とサシで真向う存在の重さ抜きには口にしえないことばなのに、露骨に表現することがラディカルな証拠と心得違いしている……」

（リブ新宿センター「この道ひとすじ」第四号、一九七三年）。性を食事のように「気軽」な日常的行為とすることはリブがめざしたことではなかった。リブは、男性中心の性文化下において女性にのみ課せられている、欺瞞的な性規範に対して挑戦したのであり、性の領域が持つ想像力や創造力を枯らし風化させてしまうような「フリーセックス」を求めたわけではけっしてなかった。

性文化への闘いの一方で、医療体制に対する批判も進展した。多くの女性は驚くほど自分の身体のしくみ、性のしくみに無知であった。運動の中で、信頼できる避妊の方法、種類、入手法、妊娠と出産に関する知識、自分自身で行なえる健康管理の方法等を教える「女性の医学講座」が生まれてくる。ここから、医療体制の中でまったくなすがままになっていた自分たちの態度に対する反省が生じる。女だけを相手にする産婦人科医療に対する様々な疑問点も挙げられた。ここから、信頼できる婦人科医のリストづくり等が企画されてきた。

特に「ボストン　女の健康の本集団」によって書かれた「Our Bodies Ourselves」（邦訳『女のからだ――性と愛の真実』合同出版）の翻訳活動は、こうした運動の方向にひとつの指針を与えた。「自分の体を何かよそよそしい、自分とは別なものだと感じていた女たちが、自分の体について知り自分たちの体について語りあうことを通して、体を自分のものとして取りもどしてゆく」（同書日本語版まえがき）とはどういうことなのかを、この本はっきりと示したのであった。

4　女にとって産むこと産まぬこと

一九七二年、国会に「優生保護法改正案」*が上程されると、この「改正問題」は初期リブ運動の最大の課題となるに到った。

「人工妊娠中絶」の問題は、どこの国の女性解放運動にとっても最大の「難題」であった。アメリカでも「中絶」の問題は女性の中に賛否両論を引き起こし対立を生じさせた。NOWは最初「中絶法廃止」（人工妊娠中絶の自由化）を支持せず多くの批判を浴びたが、逆転して支持にまわると、今度は運動内部の「中絶自由化」に批判的な「保守派」が、運動から大挙して去るという事態を招いている。キリスト教、その他の宗教の問題が関与する場合、「中絶の自由」を権利として主張するのは大変な困難を覚悟せねばできぬことであった。

日本では刑法において堕胎罪が存在するが、第二次大戦中に「不良な子孫」の抹殺を目的とする「国民優生法」が作られ、戦後「優生保護法」として定着する。そしてこの法律により、戦後の人口増加抑制政策のもと、一応実質的に「中絶の自由」が得られていた。しかし、この「優生保護法改正問題」によって「中絶の自由」の思想的確立という課題の未遂行が明白になる。そして「改正案反対」運動の過程で、リブは女にとって「産むことと産まぬこと」とは何かという問題をより深い次元で問い直していくことになるのである。「優生保護法改正案」は、まずリブ運動の活動家たちに「中絶禁止法」として受けとられた。「中絶禁止法」に対して反対することはリブ運動全体にはっきり共有されていた。いかなることがあっても中絶禁止法を許してはならないということは、運動に関わる者に共通する見解であった。もっとも「保守的」な考え方をする者でも、「中絶」が法的に禁止された場合に生ずる悲惨な事態――非合法の堕胎の横行、その法外な値段と非衛生的・危険な処置による被手術者の身体の損傷と死亡の増加等――の出現を避けるために「中絶禁止法」に反対した。

だが、「改正案」の内容が明白になるにつれて、「改正」が実質的な「中絶禁止」よりも「中絶」を許容する理由についての変更をねらったもの、すなわちきわめてイデオロギー性の高いものであることが明らかになっていった。かりに改正案が実施されたとしても運用のしかたによっては「改正前」とほとんど実質的な差を生じさせないことが可能である。しかし、「改正」によって、「経済的理由」という女性の生活設計に関わる選択肢は削除

＊　当時の現行法であった優生保護法を指す。同法は国際社会からの批判を受け、一九九六年に優生思想に基づく規定を削除した母体保護法に改正された。

され、他方「重度の障害を持つ胎児」という理由が付加されることで、優生保護法はその発生思想に基づく精神を一層強化されることになる。他方、女性が自らの生活設計その他の理由から「中絶」を主体的に選択するという思想は、はっきり否定されることになる。こうした「改正」のねらいが明白になるにつれて、反対運動内部では「生命の尊厳」と「女性の自由」という高度に思想的・倫理的な問題に対する解答をせまられることになった。

当時、障害者団体はこの「改正案」が障害者の抹殺を正当化するものであるという観点から反対を表明していた。リブ運動は「改正案」反対という立場での共闘をねらったが、この過程で問題は明白化する。

ある意味で、女性解放運動の主張は障害者の主張と重なり合う。妊婦や子持ち女は、障害者と同様、生産性至上主義の職場から排除され、心理的・経済的に従属せざるをえない立場にある。公共施設も街もいわゆる健常者（成人男女）の視点からのみつくられており、障害者、老人、乳幼児、妊婦は単に歩くにも多大な労力を要し危険を感じざるをえず、結果として「家の中に閉じこめられ」てしまう。リブ運動が展開したベビーカーの街への乗り入れ運動は、障害者の車椅子で歩ける街づくり運動と同質のものであった。

だが、「障害者の生命の抹殺」を否定する障害者団体と、女性の中絶の権利を主張する女性解放運動団体とは、「生命」というもっとも重い争点をめぐってすれちがってしまう。

これとまったく同じ構図が子殺し事件をめぐる運動の中でも生じている。障害を持つ子どもを殺した母親に対して市民が「減刑嘆願運動」を行なったのに対し、障害者団体はこれは障害者なら殺しても許されるという障害者差別であると批判する。

他方、リブ運動は、母親による子殺し事件を母親だけに育児責任をおしつけている社会体制が生み出す悲劇として位置づけ、その支援運動を展開している。この両者の間には差別に対する共通の闘いとともに深い対立がはらまれていたのである。

避妊方法の普及によりある程度妊娠をコントロールすることが可能になったとはいえ、女性の意志に反した妊娠の可能性はけっしてなくなったわけではない。妊娠中の身体的苦痛、社会的・経済的活動からの排除、出産の苦痛は言うに及ばず、いったん産んでしまえば、育児責任が重くのしかかる。女性の意志に反した妊娠を、法的強制力だけで持続・出産させ育児させせることは、女性の人権を無視しているだけではなく、生まれてくる子どもに対しても無責任で残酷きわまりない運命を押しつけることになる。リブ運動において「中絶」は女の権利であるという論点が生じたのは当然のことであったといえよう。

だが、女は本当に自分の意志で「中絶」してきたのか。産まないという決意の内には、身体的な理由の他に、社会的な制約からの理由も多く含まれているのではないか。産むことで仕事をやめざるをえないような職場がまだまだ多い日本の現状では、生活を維持するために「中絶」を余儀なくされる共稼ぎの女性も多い。ましてや、女性が一人で出産・育児を担うことは大変困難である。

こうした産むための条件の不備をそのままにしておいては「中絶の権利」だけ手にしても、本当の意味において産む・産まぬという意志決定権を女性が得たことにはならないのではないか。――リブ運動はこうした観点から「産まぬ権利」だけでなく、「産む権利」をも視野にいれてくることになった。

だが、こうしたリブ運動の主張はけっしてわかり良いものではなかった。当時、榎美沙子を中心とする「中絶禁止法に反対しピル解禁を要求する女性解放連合」(「中ピ連」)は、リブ運動の主流から離れて別個に「優生保護法改正案」にとりくんでいたが、その主張は女性の精神的・肉体的負担の軽減という観点から整序されていた。

すなわち「出産よりも中絶、中絶よりもピル」の方が母体に影響が少なく苦痛を与えないというわけである。この主張は一面的ではあれ「明解」であった。「中ピ連」の主張はそのマスコミ利用法の上手さも手伝って、あたかもリブ運動を代表するものであるかのようにマスコミで扱われた。

だが、リブ運動の主流は、産むことの価値を肯定する方向に主張を展開した。産めないから堕ろすでは自ら自分の可能性をつんでしまっているのではないか。「中絶」を〝安易〟な気持ちで行なってきた女は、弱い者を切り捨てる生産性の論理に自ら加担しているのではないか。……こうした「反省」は障害者団体からつきつけられた問題に対するリブ運動からの解答でもあった。「中絶」は「生命を断つ」ことであり、可能性を殺すことであり、女性にとっても「痛み」である。しかし、それでもあえて現状では「中絶の権利」を主張せざるをえないのだ――とリブは主張した。

　こうした主張は実に理解しにくく矛盾だらけのように見えた。一体「中絶」は女性の権利なのか。否か。「中絶」は良いことなのか悪いことなのか。運動の内外から疑問や批判が集中したのは当然であろう。「中絶は子殺しである」などと主張することは、運動における政治的力関係から考えればまったく「利敵行為」でしかなかったのだから。

　実際、リブ運動の主張は読みようによっては、産むことは積極的で価値があるが、堕ろすことはちがうという価値観の上に立つもののようにすら解釈できた。状況さえ許せば女は皆産むべきなのか。これは女性の価値をあくまで母性にしか認めない「母性礼讃」の主張と五十歩百歩ではないか。

　だが、「中絶」を単なる外科手術として肯定してしまうのではなく、あえてその「子殺し」としての側面を直視したリブ運動のこうした主張には、かえって強烈な自我の主張がはらまれていたと読むこともできる。中絶も子殺しも女と子どもの「傷つけあい」であり、母と子が傷つけあわねば生きられないような状況が厳として存在する――この状況を直視した上で、たとえ「手を汚しても」女は自我を主張せざるをえない。だからこそ、問題とすべきは、こうした女と子どもの対立・傷つけあいを生む状況の構造なのだ――とリブは主張する。

優生保護法「改正」問題は現在〔一九八五年〕も十年前とほぼ変わらないような内容で上程されようとしている。その「改正」の方向が女性の産まぬ権利を否定し、優生思想を強化するものであることも同一である。そして、またしても「中絶の権利」を主張する女性団体と、「障害者の生きる権利」を主張する障害者団体が対立するという構図が生まれている。一方において「殺す」権利を主張する側と、他方においてすべての「生命存在」の「生きる権利」を主張する側の対立は、決定的であり非和解的であるように思われる。

たしかに、女性解放団体の「中絶の権利」の主張は、障害者団体の「生きる権利」の主張と比較したとき、その主張の重みにおいて劣るように見える。仕事ができない、生活がなりたたない、婚姻外の子どもで世間体が悪いといった「安易」な理由（当の本人にとっては安易でないことはむろんのことであるが）で「中絶」が行なわれているとすれば、こうした「安易」な判断を行なうことを「権利」として主張する女性団体を、障害者団体が「信用」しにくいのは当然であろう。そうした女たちは「胎児が障害を持っている」とわかったならば、さらに「安易」に「中絶」を選択するに違いないという恐れを、障害者が抱くのは充分に理解できる。そうして健常者の女性の「安易」さを正当化するように、優生保護法を「改正」しようとする厚生省の意図に対して障害者団体が怒りを覚えるのは、当然すぎるぐらい当然なのである。

だが、「産む」のはあくまで生身の女である。女性の身体である（そこには健常者の女も障害者の女もいる）。「産む」という行為、そしてそれに先立つ「妊娠」という経過が、個人差はあるにせよ、女性にとって多大な苦痛を与える側面をもつことは否定しがたい。（むろん、多大なよろこびも与えるものであるのは当然である）。こうした妊娠・出産が女性の生命を奪うことすらある。さらに、妊娠と出産は親になるということであり、育児責任が負いかぶさる。

現代においては、育児はあくまで親の責任であり、その責任の放棄は許されないのである。こうした女性の人生を完全に左右するような決定を、女自身にさせないということが許せるだろうか？　女が自らの苦痛、人生設計上の様々な問題、ひいては自らの生命までも危険にさらしながら、あえて選択するのでないとすれば、女が国家や家の命令によって産まされるとするならば、生まれてくる子に対する本当の意味での責任を女は引きうけることができないのであろう。

もし、産む主体としての女性を、「信用」できないとするならば「障害を持つ胎児の抹殺」を防ぐためには、法律によって堕胎罪を強化し、あらゆる胎児を「保護」するしかないだろう。強姦など意志に反した性交が存在し、確実な避妊の手段がない現在、これが女にとってどんなに悲惨な状況かは明らかである。

そして、産む・産まぬという決定権を女からとりあげたとしても、国家が優生思想を放棄するはずのないことは明白である。福祉・医療予算の削減を求める国家は、手のかからない優秀な子孫のみを残すべく、あらゆる手をつかって事前の胎児チェックを行なってくるに相違ない。

であるならば、優生思想に基づいて直接に胎児の選別を行なおうとする国家の手にではなく、産む女自身の手に、「産む・産まぬ」を決定する権利を残しておくことは、両者共通の目標として設定できはしまいか。たしかに、この方向は女自身が国家に加担して障害者抹殺を自発的に行なっていくという危険性をはらんではいる。それは自発的服従による日本型管理社会が完成されようとしている今日、充分に考えうる危険性ではある。

だが、生命に関する技術が進歩し、生死が「自然」の問題でなく人間の意志決定の問題となってきつつある現在において、医療の論理や国家の論理による強制的決定に人間の生命をゆだねるのではなく、たとえどのようにあやうくとも、各個人の意志決定にゆだね、それを信頼するしか方法はないのではあるまいか。

以前だったら産めなかった女性も産めるようになり、逆に産まざるをえなかった女性も中絶することが可能になった。さらに新生児においても、以前であれば「自然」放置によって淘汰されざるをえなかった子どもが医療によって救済されるようになったが、逆にこの医療による救済を行なわないことは殺人を意味するようになった。技術の進歩は、選択の幅を広げるとともに、その選択に伴う責任を確実に増大させている。その選択に伴う責任を、国家や医療の手にまかせて逃れるのはやさしい。しかしそれは、より恐ろしい管理社会への途であると思われる。

しかし、選択権を女性の手に残すことは同時に、実質的に選択できる社会をつくることなしには無意味である。障害児を持つことがけっして不幸を意味するのではない社会、障害を持つことが生きていくことの上で重大なハンディキャップとならないような社会をつくることなしには、女性の選択権はまったく形式的なものにとどまるであろう。さらに、産むことと育児が個々の親の私的な問題ではなく、より開かれた社会的なひろがりの中で行なえるようになれば、女性が「中絶」をえらばざるをえない状況も減少させることができるであろう。

こうした社会をつくるために、女性解放団体と障害者団体がともに手をつなぎ、共闘していくことは可能なのではあるまいか。

「中絶」や「子殺し」の問題に取り組むことでリブ運動は「母幻想」と真っ向から対決せざるをえなくなる。日本文化における「母幻想」の位置が根深く強いことはよく知られたことである。母はあくまで子どものためだけに生きるものだとする「幻想」は、女性が子どものためにすべてを犠牲にすることを当然として強制し、またそうすることが子どもにとってももっとも良いとされているのである。

妊娠や出産は神秘的なヴェールにつつまれ、女性は妊娠・出産を喜びむかえるのが当然とされており、それに対して女性が不満や不安を表明することには非同情的である。女は子どもが生まれたら自然に「母」となるものとされ、「母」になることに不安を感じる女性がほとんどであることは無視されている。

日本文化における男女関係の原型は、母と息子のテーマに還元されるという。母と息子のテーマはあらゆる男女関係の中に繰り返し出現する。夫と妻の恋人関係の中にも「母と息子」のテーマは出現する。日本の男性にとって自己アイデンティティの支えはすべてを許容してくれる「母」のイメージである。

リブ運動はこうした「母幻想」が呈示する母子関係に対しまったく別のイメージを示し、「母幻想」を真っ向から直撃する結果になった。リブ運動を支えた重要な感性のひとつは「産む性の孤独」であった。女は自然に母になれるのではない。子どもをみごもり、不安と孤独と恐怖におびえつつただ一人で出産に対峙するのだ。母にとって子どもは異物であり侵入者である。そして子どもに対面し、その一挙手一投足におどろきおびえ感動しつつ「母」になっていくのだ。母にとって子どももまた別のひとりの人間なのである。

「あなたが〈おなかいっぱい〉になったことは、私が〈おなかいっぱい〉になったことではない」(田中美津『いのちの女たちへ』)のである以上、たとえ母と子であっても別々の存在である。母が子どもの自由を束縛・抑圧し、子どもが母の自由を束縛し身体を傷つけることもありうる。母子の「心暖まる風景」の影に、別々の身体存在として対立する母子の姿が厳として存在するのである。こう考えなければ、子殺しをする母の気持ちも、逆に泣き叫ぶ子どもの気持ちも本当に理解することはできない。

リブ運動は、女が子どもとだけ向き合って生きる状況が「不自然である」と主張した。狭いアパートの中で母と子のみが朝から晩まで顔をつきあわせて二人きりで暮らすなんて、どう考えても自然ではない。たとえ子育てを女の仕事として受け入れたとしても、まったく社会と切り離されたかたちで、ただひとり子どもと向かい合わされる女性の拘束感・束縛感は「自然」ではありはしない。逆に育てられる子どもにとっても、たった一人のおとなとしか接することなく、母だけが絶対者のように君臨する状況もまた、けっして「自然」ではありはしない。

したがって、幻想的な母子の一体像を賛美し「自然」なものとして女性に強要することは、母と子が傷つけあわねば生きられないような状況が存在することを隠し、問題の解明を妨げているのである。同様にリブ運動は「中絶の権利」を主張した。それが「子殺し」であることを意識しながら、それでも殺すことを選ぶ女の強烈な自我をリブは主張したのだ。

こうしたリブ運動は、日本における伝統的な「母幻想」に真っ向から反対するものであった。幻想的な母子一体観念を持つ男性にとって「子どもを重荷と思う女」「子殺しを犯す女」は許すことができない存在であるのだろう。「中絶」という観念は、子としての自分が母によって拒否されたかもしれないという恐怖を生むのである。リブ運動に対する反発のもっとも根源的な原因は、おそらくリブがこの「母幻想」を攻撃したことにあったのではあるまいか。日々の糧を得るために闘い傷つき、自我をせり出して生きることに疲れている多くの男性にとっては、幻想の中の「母」は唯一の逃げ場であったのだろう。だからこそ、それを攻撃する女に反感を覚え攻撃を加えざるをえなかったのだ。

だが、退行的な胎内への回帰幻想＝母幻想におぼれそれにしがみつく者と、母子の間にすら存在する自我と他我の相克を凝視する者とでは、どちらが子どもに対し、また人間に対し、本当の愛情と理解を持っているといえるだろうか。「口あたりの良い言葉」を連ねる者と耳ざわりでも親子の利害対立を直視する者とでは、どちらがより人間存在の深い真実に触れているだろうか。

そして、このリブの「母幻想」の否定の根底には、日本の社会運動には稀有の「したたかな」主体性、すなわち自己犠牲の美名に酔うのでもなく、他者の存在を無視するのでもなく他者との相乗性と相克性を直視する強靭な主体性の存在が感じられるのではあるまいか。

5 「個人的体験の政治化」の矛盾

リブ運動は、他の多くの社会運動や政治運動と大きく異なる点を持っていた。それはリブ運動が「目標達成」よりも運動する個人の「生き方」を問題にしたことである。要求や目的の実現を最優先するのでなく、生き方の論理から、目標や課題を計り直した点である。なぜ、リブは生き方を問題にしたのだろうか。生き方とは本来個人的なもののはずではないのか。そもそも社会運動のまな板には乗らない問題なのではないか。

リブは公的な制度としては「平等」が明示されながら、社会的には厳然たる性差別が存在する現代社会を相手にした。したがって、まず差別があるのだ、ということを社会に対して主張することが必要であった。常識や日常生活における差別をまず問題としてとらえ直すことが必要であった。だからこそリブは女性の生活の隅々にまで存在する日常的な性差別と、女性自らの内に巣食う差別意識を問題にせねばならなかった。女性の生き方そのものを問わねばならなかったのだ。各々の女性の個人的な経験が運動の内で再度とらえ直されたのである。

しかし、リブ運動のこの性格ゆえに運動は内部に様々な矛盾をかかえることになった。第一に、個人の経験の重視と運動としての行動計画との接合がむつかしい点が挙げられる。各人が自分の体験を語り合い怒りや不満を確認しあうことは、運動参加者個人にとってカタルシスになり自己変革を可能にする。

だが、その個人的な経験の語り合いだけでは運動が空転してしまい方針も共同行動計画も決まらず、参加者はいたずらに消耗感ばかり堆積してしまうことになる。逆に運動が個別課題の闘争だけになってしまうと運動のエネルギーが低下してしまうのである。七二年五月のリブ大会に関しての小沢遼子の発言の中には、すでに「おしゃべりばかり」のリブ運動に対する痛烈な批判があった。

女達の発言のしどろもどろさが確かに生き難さを反映しているものではあっても、社会へ向ける眼をどこか故意にふさいでしまおうとする点がある。わたしとあなたのかかわりあい、女と男、女と子ども、コレクティブの人間関係、出てくるもののほとんどがいわば人間関係のハウツウでしかない、そんなふうにさえ思われたのである。

（小沢遼子『婦人公論』一九七二年七月号）

ついその一年前にリブのエネルギーに眼をみはり賛美した小沢が、こうした発言をしなければならなかったのは、よほどのことであったに違いない。たしかに、「個人的な経験」は運動の原点として必要ではある。しかしそれを運動の中で行動計画・闘争目標と結びつけることなしに、個人的な関係の平面で充足させてしまうならば、話し合いの場は単なる「おしゃべり」の場になってしまう。

同様のことはアメリカにおいても生じた。小グループ中心の組織をとったアメリカリブ運動内のラディカル派は、政治的な行動計画を示しえず運動内に消耗感を生み出してしまった。その消耗感を解消させ政治的な力として再結集させえたのは、NOWその他のいわゆる「保守派」の行動提起に参加することによってであり、「意識高揚」(コンシャスネス・レイジング)グループや相互批判(ラップ)グループを「新規参加者のため」の学習プログラムとして手段的に位置づけることによってである。

日本では当時はNOWにあたるような組織は存在しなかったため、リブ運動の各グループはそれぞれ個別課題を定め「機能的な運動団体」に転身していった。しかしその結果、個人的な経験を話し合うような場はしだいにせばまり、運動の爆発的なエネルギーが終息していってしまう。井上輝子は運動を振り返り「(具体的・技術的な)所に全部解消していいのかどうか、その憤懣のエネルギーというようなものが運動全体の中から失なわれてきているのではないかという気がしてならないのですよ」(井上輝子『思想の科学』一九七九年一〇月号)と述懐する。

個人的な経験や体験を社会的・政治的文脈において位置づけるという論理は、自己把握・状況把握の上では非常に有効なものである。女性はそれぞれの家族の中に孤立しているゆえに、自分の状況を個人的な問題として把握していることが多い。しかし、実際には女性の状況は相互に驚くほど似通っており社会的に規定されたものなのである。それを認識しえてはじめて、女性は個人的な悩みを社会的怒りへと結集することができる。

だが、個人生活イコール政治的・社会的状況という短絡が生じ、個人的な体験の政治化という論理が逆に読み替えられて、自己や他者の私生活の教条的な批判や裁断、個人攻撃に用いられると、それは非常に危険な論法となる。

ついこの間アリが出産したけど、アイツが五、六ヶ月の頃のこと、ある集会に行っての帰りぎわ、数人の女達から「なぜ産むのよ！」って詰問されたことがあったね。あたしその話を聞いた時、ゾーッとしたわ。戦時中の「みなさん、お白粉や電髪（パーマネント）をやめ大東亜戦争勝利に向けてガンバリませう」っていう大日本婦人会かなんかのアピールを憶い出しちゃった。（リブ新宿センター「この道ひとすじ」一九七三年三月一日号）

たしかに、女性の社会的差別は私生活のすみずみにまで行きわたっている。その認識なしには性差別を語ることはできない。だがそのことと、他者の私生活の特定の形式をあげつらいそれを非難したり批判したりすることはまったく別のことである。各々の個人生活における選択はけっして教条的に判断できないはずである。「結婚しないこと」「化粧をしないこと」「子どもを産まないこと」「未婚の母になること」自体が即女性の解放を意味するわけではない。それらは、ひとりの女の選択として、彼女の生活史の中において意味を持つにすぎない。もし「制度的結婚ではなく同棲でなければリブではない」——などと言うのであれば、それは「働く女でなければ解放された女ではない」などという神話とどこがちがうのか。

こうした他人の私生活に対する個人攻撃を抑制させていたのが、自分自身「つくられた女」にすぎないという自覚、自分が「ロクでもない主体」であることの自覚であった。けれども、運動内部の一部分においては、他者の私生活に土足で入りこみ糾弾するような堕落が存在したのだ。

こうした他者攻撃を生み出したのは、自らの加害者性、自己の存在の不充分性に対する根源的な認識を欠落させたまま、常に「良心的」に、常に「正しい側」に身を置こうとする一種の「傲慢」さであった。こうした傲慢な倫理的潔癖性は、より抑圧され差別された他者と出会う時、運動全体にまで影響を及ぼすに至るような困難な問題を生み出す。

「優生保護法改悪阻止」闘争における障害者との共闘において、何人かのリブ活動家は「障害児とわかったら産むけれども健常児ならば中絶する」という主張をし、「障害児を差別するな」という障害者の主張に迎合した。アメリカのリブ運動でも、異性愛者はみな同性愛者を差別する側の存在であるというレズビアンからの攻撃が、多くのリブ活動家をレズビアンに転向させたことがあった。いずれも、自分を差別する側・加害者の側には位置づけたくないという「倫理」が、倒立した行動提起を行なわせたのである。

運動におけるこれらの問題はいずれも、私生活における日常的活動・具体的実践を即政治的実践と読み替える論理から生じている。たしかに、女性に対する差別は日常生活のすみずみにまで浸透しており、そうした日常生活を批判することなしには女性解放は可能ではない。だが、それは、性差別問題の解決が、私生活における個別の日常的実践によってのみ可能であるということを意味するわけではない。

しかし運動の一部には、日常生活の批判から出発したラディカルな問題提起が、逆に日常生活上の課題以外を、空論として切り捨ててしまう保守的な傾向が存在したのである。リブ運動は単に法的・制度的な差別だけでなく、日常生活の隅々にまで及んでいる性差別実態を問題化した。家事・育児に対する社会的な評価の低さや女性自身の知識の不足が指摘され、同時に現状の食品業界や医療体制への批判も行なわれた。こうした問題関心は、食品の中に含まれる添加物や、薬害・公害等への関心をひき起こし、自然食品運動や公害反対運動と連帯し、自然分娩運動を形成する方向に向かった。こうした動き自体は充分評価できる。

だが一般に、生活志向が強まるとともにリブ運動の主題はしだいに、子ども・性・生活・家庭といった、従来から「女の領域」とされてきたものにのみ限定されてしまい、それ以外の主題は「日常生活から乖離した空論」として切り捨てられてしまうという、逆に「保守的」な傾向が生じてきた。運動の内のもっともラディカルな部分が、実際には、伝統的に女性の役割とされていた、性・子ども・老人・病人の看護といった仕事の範囲内でしか行動を提起しないという逆説が生じたのである。

むろん、現代社会の矛盾が集約的に表出しているのがいわゆる「家族」である以上、こうした問題を指摘することはラディカルなことである。だが、性差別はひとつの社会形態の構造的な反映なのであり、全社会体系上の問題である。したがって、その変革は全体社会の批判なしには可能ではない。単に、矛盾が集約的に表われているとはいえ、伝統的に女の領域とされていた役割の範囲内での変革・行動提起では変革は可能ではない。ましてや、それは個別の生活実践とは別の課題であり、技術的・具体的な個々の実践だけからでは可能ではないのである。

たしかに、日常生活における具体的な問題から出発するのは大切なことである。だがそれは、個別の生活実践のみを尊重することとイコールではない。問題の出発点と、実践の提起との間に理論を媒介させずに短絡化した時、そこに逆説的な「保守化」が生じたのである。

そして、こうした矛盾を集約的に現出させたのが、運動の中核を担った各小グループであった。これらのグループのいくつかは、機能的集団ではなく「コレクティブ」とか「コミューン」と呼ばれた生活共同体を志向した。そうしたグループは運動を推進しながら、その共同体内部の生活実践において、直接に女性解放の理念の実現を志向することが多かった。

だが、こうした共同体内部の生活実践は、しばしば、グループ内での対立や人間関係の緊張を生む。社会に対する闘争よりも、むしろ運動内の人間関係の軋轢によって傷ついてしまった運動参加者は数多い。こうした運動内部の緊張が高まるにしたがって、コレクティブやコミューン内の人間関係についての問題の方が、社会に対する闘争よりも大きくなってしまう。

そして、直接的で溶融的な、融和的な人間関係に対する志向がますます強まり、自足的な共同性志向が生じていった。他者との緊張をはらんだ関係性が失われ、理念や理論の討議や共有を通じての連帯が失われ、むしろそうした媒介を排除したところの、直接に自己と他者との溶融的な関係を志向する欲求が運動全体に強まってしまう。

これはまた七〇年代前半の、社会運動退潮期における青年に共通した精神的風土でもあった。近代批判が全面化するとともに、合理的な人間関係や個人主義的な強い自我の主張自体が、近代の病理として否定されるに至る。この過程の中で、青鞜運動にも共通したところの、リブ運動の持っていた「したたかな主体性」、他者との緊張をはらんだ関係の内でのおさえつけがたい女の自我の叫びは、しだいに小さくなっていった。「やさしさ」の時代の中で、リブ運動が切り拓いた「したたかな主体性」が埋没していったのである。

さらに、いわゆる生活志向の持っていた限界性は、それが社会体制批判として結晶化したところの理論にも反映された。公害反対や自然食品運動、エコロジー運動等との連帯を深めた女性解放運動の一部は、女性に対する抑圧的体制をイコール近代主義の限界として理論づけ、手づくり志向・自然志向・共同体志向等、矮小化された近代主義批判を解放の唯一の方向性として教条化していってしまったのである。

6　近代主義批判の陥穽

七〇年代以後、近代主義批判は日本の思想界において中心的な位置を占めるに至った。公害を契機とする工業優先の思想の批判、科学技術信仰への批判、効率優先の社会組織への批判、さらには職住分離の労働形態や核家族制度への批判等が噴出した。そしてこうした批判はやがて、近代が基礎としたところの抽象的な人格概念とそれに基づくところの個人主義、さらには、主―客の分離を自明とするところの近代の認識枠組それ自体への反省を生み出すのである。

女性解放運動においても例外ではない。リブ以前の女性解放思想は、近代的な人格概念に基づく人権思想を拠りどころとして展開されてきた。男性家長への女性の隷属、市民社会における女性の市民としての権利の剥奪状態等に対し、女性も一個の人間であること、人格として男性と平等に尊重されるべきことを主張してきたのである。それは近代の理念でもって「封建的」な社会と闘うことであった。

しかし、リブ運動はむしろこの近代こそをその批判の射程に据えた。現代社会における賃労働体制、商品生産体制、職住分離体制、核家族体制こそ、女性への抑圧の根幹を成すものであるとリブは批判する。近代は男性も女性も、「人間」「人格」に抽象してしまった。そしてその「人間」は、労働＝能力＝業績によって一元的に把握されてしまう。しかもその能力は、労働市場において確認されるのでなければけっして承認されない。

ここに、男も女も単に能力や業績でもって競争しあうところの社会が生じる。女性は妊娠・出産という役割を担い、家事労働に従事するゆえに、労働者としては男性に劣らざるをえない。ここに近代における女性への抑圧体制が生じたというわけである。

こうしたリブ運動の行なった近代主義批判からの女性解放論は、近代化＝是とするのが主流であった六〇年代までの思潮を根底から批判した点において充分に評価できるものである。イヴァン・イリイチが『シャドウ・ワーク』(岩波書店)で一九八一年に展開した論点の一部は、このリブ運動の指摘において先取りされていたと言っていい。(むろん、イリイチの論点は、学校制度や医療制度といったサーヴィスの問題をも含むゆえに、家事労働を主として問題にしたリブの論点よりもより視野が広く、それゆえより根底からの問題提起となりえているけれども)。

しかし、こうした近代批判、産業社会批判が、近代以前の社会——たとえば中世社会などをユートピアのごとくに描き出すとすれば、それは大変危険な論法であると思われる。確かに近代以前においては、男性と女性は、中性的な「労働力」としてではなく、それぞれ具体的な諸活動を行なう共同体成員として存在している。近代化以前の多くの社会においては性別カテゴリーは、すべてに優先する社会編成原理であり、男の活動領域と女の活動領域が画然と分かたれていた。そこにおいて男や女はそれぞれ「生き生き」活動していたかもしれない。

だが、そうした社会において性別カテゴリーがなぜもっとも重要なカテゴリーであったかといえば、それらの社会においては主として経営が血縁原理による社会組織によって営まれていたからである。それらの社会組織においては成員の補充が婚姻と出産により行なわれるゆえに、女性が当該社会組織にとっては資源として非常に重要であった。それゆえ多くの場合、女性は男性の支配のもとにおかれ、厳重な監視と拘束の対象であったのだ。

こうした社会において、男女の間に真の対等な関係が存在したかどうかは疑問である。たとえば、民俗レヴェルにおける性文化の「自由の象徴」のように通常引用される若者宿や娘宿・夜這いの慣習は、実際は村の若者たちによる娘の占有システム、性交強制のシステムであったという説があるように(村上信彦『高群逸枝と柳田国男』大和書房)、ノスタルジーによって引用される民俗の世界が、権力関係・支配関係の世界でなかったとはけっしていえない。

この意味において、イヴァン・イリイチの「バナキュラー・ジェンダー」論（『経済セックスとジェンダー』新評論）は大変危険なものである。それは「産業社会」を批判するあまり、近代以前の社会をユートピア的に描き出すという誤りに陥っている。リブ運動において展開された近代批判もまた、イリイチの議論と同様の陥穽に陥りがちであった。

近代における抽象的な人間概念は、賃労働者兼消費者を意味しており、それは暗黙に女性や心身障害者、子ども、病人等を排除し差別するものであることを指摘した点で、リブ運動の主張やイリイチの論点はたしかに非常に重要であった。だが、こうした主張が、女性解放や障害者差別反対運動に対して持ったところの近代の意義を過小評価させるとすれば、それは大変危険なことである。「産業社会」以前が、性差別のないユートピアであったわけではけっしてないからである。

たとえばイリイチは、社会の基本的な単位をあくまで「家」におき、「バナキュラー」な世界では「ジェンダーの領分と領域」がはっきり存在し、男と女は「両義的相補足性」の関係にあったという。そして「ジェンダー」の存在していた社会においては「シャドウ・ワーク」は存在せず、それゆえ性差別も存在しなかったと主張する。現代社会における性差別は「産業主義」がもたらしたものだというのである。

だが、こうしたイリイチの議論には少なくとも次のような飛躍、または矛盾がある。イリイチは「バナキュラー」という概念を「産業的」という概念の対語として使用している。

ところが「バナキュラー・ジェンダー」においては、「バナキュラーなものは生得的である」と主張するのである（『経済セックスとジェンダー』新評論）。これでは「産業社会」成立以前の社会における性の領域の分化は、すべて「生得的」あるいは「自発的」「自然的」なものと把握されてしまうことになる。こうした概念のあいまいさが、「産業社会」成立以前の社会を性差別のないユートピアとして描かせてしまうのである。

さらに、イリイチは「バナキュラー」な世界には「ジェンダー」による領分と領域の区分が存在していたというが、それがなぜそういえるのかということはまったく論証していない。産業化以前の社会においても、男の仕事・女の仕事という区別がそれほどはっきりしていない社会は、存在する。

たしかに近代以前、産業社会成立以前においては、女性はコスモロジーの内にカテゴリーとして存在していたかもしれない。男女の分業は「差別」ではなく、こうしたコスモロジーの反映であったのかもしれない。だがこのことは、その社会において抑圧や強制が存在しなかったことを意味しないし、女性が支配されていたことを否定するものでもない。なぜならそうした社会において、コスモロジーは現状の秩序を正当づける役割を果たしていたのであり、「分」をわきまえさせる働きしかしないことが通常であったからである。

これら近代以前の世界においては、女性や心身障害者等はカテゴリーとして区別され、その苦しみは「神の摂理」や「天の意志」によって説明され正当化されるのが通常であった。それらの「苦痛」は「天罰」や「前世のむくい」「原罪」として解釈され、その軽減はほとんど顧みられなかった。女の出産の痛みは神の定めたもうたものとして意味づけられ、その軽減は現在に至るまで重要視されていない。コスモロジーの内において、カテゴリーとして位置づけられることと、そのコスモロジーの内で救済されることとは別なのである。

おそらく、産業社会以前において、性別カテゴリーがあらゆる社会領域において決定的に重要であったのは、社会の基礎的な生産単位が血縁原理で構成されており、その生産単位の維持が至上命令—最高次の機能要件であったゆえである。

したがって、多くの社会においては、女性は共同体や部族・氏族・家族等の内で隷属状態におかれており抑圧されていた。近代ははじめて女性を家族や共同体から独立した存在として解放する認識枠組を与えた。近代の「人間主義」は女性を一個の抽象的人格として把握することにより、女性に対する差別を「差別」として認識させえた。

したがって、女性に対する差別や抑圧を近代や産業社会にのみ起因させて理論化することは問題を過度に単純化させ、結果として安易な形での中世や前近代の賛美に陥りがちであり、女性解放に対して持っていた近代の意義を過小評価させてしまうことになる。

リブ運動は「男並み」になることが解放ではないと主張し、むしろ女性の性の積極的な側面を呈示した。それは黒人解放運動が黒人のアイデンティティを積極的に評価したと同じ意味において、女性解放運動に新たな局面を開示するものであった。だが、こうした議論が「女性の固有性」を過度に主張する時、それはステレオタイプ化された性イメージを強化してしまうことになる。

現在、家族や社会の解体の進行のゆえか、抽象的な人間概念に基づく近代主義を批判し、性別やその他のカテゴリーに基づくコスモロジーを積極的に評価しようとする傾向が生まれつつある。たとえば山口昌男は、現代社会には狂気や異形がそれ自身として存在しうる世界観は存在しないゆえに、われわれの世界は脆弱であり矮小であると批判する。われわれは「不具の祝祭性」「不具の聖性」をとらえる感受性を喪ってしまったのだ（山口昌男『道化的世界』筑摩書房）。

近代の「浅薄な人間中心主義」は、心身障害者・「浮浪者」等の「不幸な人々」を凝視することを回避させる。現代社会ではそれらの人々は「治療」され「保護」されるべき存在となる。それは「人間主義的」ではあるが、その背後にあるのは健常者・強者中心の思想である。あくまで「人間」＝健常者が基準でありそれに近づくことが是であって、治療しきれぬ者は社会の表面から排除され隔離されてしまうのである。それに対し「不具者」の存在をコスモロジーの内にとりこみ、「差別・軽蔑・嘲笑」しつつも、その「不具者」に聖性を付与していた前産業社会のコスモロジーはより「豊饒」なものであり、より「強靭なヒューマニズム」に基づいていたのではないかと山口は主張する。

こうした主張は、イリイチの「バナキュラー・ジェンダー」論と平行的である。イリイチは「ユニセックス」の「産業社会」こそ、性差別的であり、女性の固有性に基づいて男と女の世界が画然と分かたれていた中世社会のような社会を解放イメージとして示唆する。だが、こうした議論に抜けおちている視点は、一般に被抑圧者、すなわち心身障害者や女性からみて、そうしたコスモロジーが本当に「豊饒」なものであったかということである。山口の議論に即して反論すれば、「差別・軽蔑・嘲笑を含めたトータルな人間関係」や「不具の祝祭性を感受できる強靭なヒューマニズム」の喪失を嘆き悲しむことができるのは、いずれの時代においても、支配する側＝差別する側にあるだけではなかろうか。なぜならこうしたカテゴリーに基づくコスモロジーにおいては「差別・軽蔑・嘲笑」される側の痛みを、骨化した世界観によって秩序づけ解釈し正当化し説明してしまい、その痛みを真に痛みとして認識しえないからである。

近代においてはじめて、各個人の生をかけがえのない一回性のものとして認識しえたのであり、そう考えて初めて、何故ある人々だけが「とりかえしのつかぬ」「癒えることのない」傷を負わねばならぬのか、重荷を背負っていかねばならぬのかということに対する真の問いかけが生じるのである。近代の人間主義は、なぜある人々だけがそれほどにも苦しまねばならぬのかという「不条理」性を呈示したのであり、そこにはじめて痛みや苦しみを凝視する世界観が生じえたのだと考えられる。

女性差別に関してもまったく同様である。女性がかけがえのない一個の人格として存在するのだと認識しえてこそはじめて、女性の隷属状態に対する批判、差別反対運動が生じえたのである。

一般に、コスモロジーの次元における豊饒性と、その社会において支配され抑圧されている人々の次元における幸福とはまったく別の問題である。コスモロジーの次元における近代主義批判を、そのまま「カテゴリー」に基づく社会の賛美や、ひいては「平等」を求める差別反対運動に対する全面否定に結びつけるならば、それは大変な短絡であるといわねばならない。人類学やアナール学派歴史学・民俗学等の名を借りて、人権概念に依拠する差別反対運動を「浅薄なヒューマニズム」と否定し去るような論理は、差別反対運動に対するかくされた反感を合理化しようとする悪質なイデオロギーであるといわざるをえない。

リブ運動においては女性の性の積極性を主張するあまり「カテゴリー」に基づく社会を賛美する傾向がごく一部ではあるが、たしかに存在したのである。

女性解放の思想は近代思想史上、人間解放との距離をめぐって非常に困難な歩みを経てきた。近代思想史上、人間の解放とはほぼ男性の解放を意味したのであり、人間の内に女性は含まれてはいなかった。したがって人間解放を論じる者が必ずしも女性解放を主張したわけではなく、逆に女性の男性への一層の隷属の主張を同時に含んでいることだってあったのである（水田珠枝『女性解放思想史』筑摩書房）。

人間解放＝男性解放であるとするならば、男女平等を目標とし、男性と同じ権利を得ることをめざす方向と、女性の固有性に着眼し、女性の独自性・特性を生かそうとする方向とは対立せざるをえない。たとえば「平等」か「保護」か、をめぐる対立は現在にもひきつがれている。

だが、実はこの二つの方向は本来どちらか一方を選択できるようなものではない、女性が男性と対等の自立した人間であるために「平等」は不可欠であるが、女性解放の最大の難問は単なる平等では解放が実現されないということにあるのである。平等の実現のためにも、何らかの女性固有の条件が整えられねばならない。

実際、この対立は「人間＝男性解放論」との位置関係で女性解放を論じねばならないという問題設定そのものが生み出す虚構の対立にすぎない。その意味で「平等」か「保護」かをめぐる問題は虚偽問題である。

リブ運動は、その総体の歩みを通じて、女性解放を「人間＝男性」の枠において位置づけようとしてきた近代女性解放思想を、逆に女性解放の枠において、「人間解放」の論理を批判し位置づける方向への問題の転換をはかった。「男並み」になることが女性解放の目的ではないと主張するとともに、女性の特性を論じ、母性や女らしさを賛美することに対しても鋭い批判を行なっていった。「男の論理」「女の論理」といったあいまいな言葉ではあっても、その言葉の背後には、「女性解放」を中心に据えた人間解放、すなわち「女の論理」による社会全体の変革の志向をはっきり持っていたのである。

リブ運動はこうした問題構図そのものの転換を、女性の生き方、おのれの生の充実という、一見あまりにも内面的な問題を手がかりになしとげていった。解放とは何かという問題に対して、外面的な社会的地位の上昇や、経済的安定性といった指標によってではなく、あくまで、解放感・充実感を求めるという方向で追求したのである。だからこそ、エリート女性中心の解放論の虚偽性や、母性賛美の虚偽性を見抜くことができた。

だが、「生き方」のレヴェルの解放論と、社会思想、社会変革理論としての解放論は異なる次元の問題である。この二つのレヴェルの充分な自覚の不在が、リブの論理をしばしば空転させてしまった。「生き方」のレヴェルでの解放論を直接に運動の論理、他者批判の論理、社会変革の戦術に結びつけた時、そこにもっともリブ運動がきらったはずの、かけがえのない個人の生き方を教条的に裁断する危険な論法を生み出してしまったのである。

現在、女性解放という言葉は時流に乗りつつある。それは識者の内では主流の価値観として定着しつつある。だが逆にそうであればあるだけ、現実の変革は困難である。リブ運動は現在の課題に対し直接の答えを与えてくれはしない。

だが、リブ運動が提示した問題は、その深さと重要性において現在もけっしてその意義を失ってはいない。現在われわれが直面しているもっとも重要な課題は、リブ運動が提示した問題に対する「理論化」を行なうことである。むろんその「理論」とは、われわれの経験そのものを反映したものでなければならず、いたずらに教条的に運動の方向を「指導」するようなものであってはなるまい。だが、「理論化」もしくは「言語化」それ自体の価値は否定されてはならない。

　そしてこの過程で、体制化した意識の内にはらまれた幾重もの短絡と神秘化を解明していくことができるだろう。この解明の過程それ自体は、一見無意味な努力にも思えよう。だがそのつみ重ねは、振り子のように振動してきた女性解放思想の歩みを、単なる反動ではない、われわれ自身の選択としての未来にむかわせてくれるにちがいない。そしてそれが、リブ運動が求めたものでもあったのである。

ウーマンリブとは何だったのか

1 誤ったリブ運動観

日本においては「ウーマンリブ」という言葉は今や過去のものとなったらしい。それはかつての特定の運動（主に七〇年代前半の、「ぐるうぷ闘うおんな」を中心とした無名の女性小グループ連合体によって担われた運動）を指すにすぎない。「女性解放論」が半ば公式イデオロギー化しているにもかかわらず、「ウーマンリブ」は死んだのである。本章が「何だったのか」という題を掲げても、憤る者はほとんどいないであろう。

「ウーマンリブ」はその思想の直接的継承者を持っていないばかりでなく、その思想が何であったのかということを理解する者、いや理解しようとする者もほとんど持っていない。「ウーマンリブ」に対する言及はほとんど否定的な言及である。「なぜいまウーマンリブではないのか」という問いかけさえ生まれている。もし、こうした日本の「ウーマンリブ運動」（以下リブ運動と略記）に対する否定的評価が、その正確な理解に基づいているならば、女性解放思想における実質的な進展という点で歓迎すべきことかもしれない。だが、こうした否定的言及の多くはしばしば不正確なリブ運動観に基づいてなされている。それゆえこれらは、誤ったリブ運動像を定着、普及させる役割を果たし、リブ運動とは何であったのかを理解しようとする意欲すら失わせているのである。いま「ウーマンリブとは何だったのか」と問わねばならぬ必然性もこうした状況にあるといえよう。

現在流布しているリブ運動像の典型は、リブとはあらゆる領域で「過度の男女の平等化」を要求した運動であったというものである。リブ運動は、「伝統的な女性の仕事」にあきたらぬ女たちが、家族内で、職場で、性や文化といった余暇領域で、「男並みになる」ことをめざして男性に不満をぶつけ攻撃したと考えられている。それは「男たち」をうらやみ「男たちの職業的・社会的成功」をねたむ女たちが、自分たちも同じような職業的・社会的成功をおさめることをめざして「男女の平等」を要求したものだと考えられているのである。だが、このようなリブ運動像は、のちにみるようにまったくの誤りである。たしかにアメリカのリブ運動の一部はこのような志向を強く持っていたし、アメリカでも日本でもリブ運動の眼にみえる形での効果は、女性の社会進出であり社会的成功であった。だが日本のリブ運動に限定すればこうした主張をリブ運動が行なったことはない。

それどころか、リブ運動がもっとも攻撃したのは、「男並み」の職業的社会的成功をおさめることを女性の解放とするような女性解放論であり、また、そうした解放論が理想としている「エリート女性」たちであった。職業的・社会的に「男並み」に評価されるためにはさまざまな差別意識が女性に対する評価を妨げている現状では、女性は男性の倍も努力せざるをえない。それなのに「男は外、女は家庭」という現状の「性別分業」観を前提とすれば、家庭を持つ女性はその上に家庭内での労働をも引き受けざるをえず二重の労働を負うことになる。このような条件で成功できる女性はほとんどいない。成功する女性は、非常に恵まれた才能を持ち、その上家庭生活を犠牲にするか、あるいは他の女性に家事・育児を押しつけるかして辛うじてその位置にあるのである。ほとんどの女性が不可能であるようなものを目標とする解放論は解放論として誤っている。そして、成功した少数の「エリート女性」たちはそうした解放論の誤りをおおいかくす役割を果たしている、として批判されたのである。したがって、少なくともリブ運動がめざしたものが職業的・社会的に「男並み」になることであったというリブ運動観が誤っていることは明白である。

2　母幻想を超えて

では、なぜリブ運動の主張は誤って理解されてしまったのであろうか。それには確かに一面においては、現在の論者の側の問題、すなわち、アメリカのリブ運動像をそのまま受容し、自国の運動に対して充分な注意を払わないといった軽率さにも帰することができよう。また、リブ運動時のマスコミによる歪曲されたリブに関する報道の影響も考えられる。けれども、こうした要因以外にもリブ運動側を含めて、このような現在のリブ運動観を定着させてしまうような背景的要因があったと考えられるのである。

その最大のものは、リブ運動が日本の女性解放運動にとっての踏み絵である、「母役割への信仰表明」を拒否したことであろう。日本文化における「母幻想」の根深さは多くの論者が語ることであるが、この文化風土に生まれた女性解放思想もまた、多くは「母幻想」を自らの中にとり入れる形で展開されてきた。上野千鶴子氏はフェミニスト思想を個人主義的フェミニズムと共同（体）主義フェミニズムに類型化し、前者を恋愛結婚イデオロギーの中に、後者を母性イデオロギーの中に見出している(1)。そして氏の指摘どおり、日本のフェミニズム思想の主流は母性主義であった。リブ運動においても「東京こむうぬ」などの「共同体」にみられるように、共同保育を目的とするなど母性主義的傾向、共同（体）主義的傾向は強くあらわれていた。

だが、それにもかかわらずリブ運動の言説は、明白に神聖なる価値としての「母役割信仰」を否定するものだった。すなわち、子を育てはぐくみ、保護するということを女性の当然の「仕事」とし、その「仕事」の価値ゆえに女性に価値を認めるという論法をリブ運動はとらなかったのである。「女が、女として生きていないのに、妻として母として生きられるか！」[2]とリブ運動は問いつめる。それはあたかも主婦役割、母役割への侮蔑と否定の叫びのように聞こえた。そしてリブ運動が「中絶する女」「子殺しをする女」を切り捨ててしまうのではなく、むしろ積極的に支援活動を行なっていたことはこの印象を強めてしまう。現代社会におけるイデオロギーは、女にだけ「家庭人」であるか「職業人」であるか選択をせまる。「完全な母」「完全な主婦」の役割は職業とは両立せず、逆に「完全な職業人」は「母」や「主婦」とは両立しないとされている。こうした前提の中で、リブ運動の主張は「母役割」「主婦役割」の蔑視と否定、すなわち「男の社会的世間的成功」をねたみうらやみ、それを切望していることと同義とされてしまったのである。

　だが、このようなリブ運動の理解はあまりに表面的であり、浅薄である。たしかにリブ運動は「母役割」を受容することを拒否した。だがそれは、「産むこと」自体、「子どもとの関係」自体の価値を否定することではなかった。むしろリブ運動の中では、批判が生じるくらい、「産むこと」の価値がとりざたされたのである。

「優生保護法改悪阻止闘争」の中で、リブ運動の主流は「中絶」とは子殺しであり、自ら生命の可能性をつみとることだとして、否定的に位置づけていく。「中絶の権利」はたしかに必要ではある。だが、それは現状においてであって、「産める自由」こそが本当に必要なものではないかとリブ運動は主張する。やむをえず「中絶」を選ばされている現状を追認してしまうのではなく、「産める社会、産みたい社会」こそ求めねばならぬのではないかと。このようなリブ運動の主張には、「産むこと」を価値とする母性主義がたしかにみられるのである。

したがってリブ運動が否定したのは、「産むこと」自体、「子育て」自体ではなく、現代社会の中で強いられている「出産」・「育児」のあり方であった。社会から切り離された孤立した家の中で、たったひとりで家事・育児の全責任を担うという現代の「主婦役割」「母役割」のあり方はけっして「自然」なものではない。家事・育児は本来われわれの生活の中のもっとも直接的な領域であり、個々人の充足や満足、生きがいに直接関わるはずのものである。だが、それが「男は外、女は家庭」という「性別分業」によって女性の肩にのみ担わせられると、休むことも代替も可能ではない四六時中の責任に女性は疲労しつくし、家事・育児の中に見出されるはずの充実感を味わうゆとりも失ってしまう。結婚前、あるいは出産前に持っていた様々な社会関係や社会活動からも切り離され、女性は社会との接点を失ってしまう。他方、男性は子どもや生活との接点を失っていく。育児とは単に「労働」なのではなく、子どもとの間の人間関係、コミュニケーションでもあるはずである。

そして、子どもはこうした「労働」により「加工」されるもの＝「生産物」なのではなく、一個の別の身体であり、存在である。したがって育児を「女の仕事」と決めつけることは、男性を子どもとの相互関係から排除することを是認することである。「男は外、女は家庭」という「性別分業」は、家事・育児という本来誰もが誰かに「分業」してまかせたりできないものを、「分業」という論理で処理してしまうことになる。こうした「性別分業」論の「不自然さ」をリブ運動は批判したのである。

日本の女性解放思想の主流は、育児を女性本来の「仕事」としてしまうことで、こうした「分業」論のおかしさを指摘する視点を欠落させてしまった。それは、出産・育児という社会的再生産機能を担っているゆえに、労働力としては低く評価され、また、経済的に自立することが困難な女性たちの現状から出発するためには必要なロジックであったかもしれない。だが、出産・育児を男性の「労働」「仕事」と同等の女性の重要な「労働」「仕事」と論じる過程で、こうした論法は容易に国家主義的優生思想と結びついてしまう。「女性は重要な役割を担っている、それは優秀な世代を産み育てるという役割である、こうした役割を担っている母親は当然保護されてしかるべきだ」と、母性保護論争の中で平塚らいてうや、山田わかは主張する。(3) だがその論の中には、「犯罪者」や「病人」「身体障害者」を生み育てることは「悪い」ことであり、そういう子を「産み育てぬ」ために母性保護が必要なのだという前提が当然のようにみえかくれしている。優秀な国民や立派な革命家を育てあげることが母親の神聖な義務であるという考えの背後には、あたかも子どもを「生産物」と同じように「品質管理」しようとする思想があるのである。日本の母性イデオロギーの思想には、こうした優生保護思想が根深くからみついている。

おそらく、リブ運動が「母性」高揚を拒否したのは、こうした危険性に直観的に気づいていたためだと思われる。リブ運動は「産むこと」も「子育て」も徹底的に個人の問題にひきおろしてしまった。「産むもエゴ、産まぬもエゴ」と言い切り、「出産」を「神聖な営み」とするのではなく、「極私的エロス」にひきずりおろしてしまう。それはあまりにも身勝手で自己中心的な言葉に聞こえた。だがこのように言い切ることで逆にリブ運動は「かけがえのない他者」としての子どもと対等に出会い関わりあうことになる。泣く子にてこずり腹をたて「てめえこのガキ!」とののしる自分の姿を見つめることにより、自分のエゴを自覚し、それゆえ自分とは別の存在としての子どもを認識しうる。その時、母親としての自分と子どもとの関わりあいが、相互にいたわりあい、いとおしみあいながらもまた、当然別の身体存在であるゆえの対立をはらみうることを見通すことができる。子どもを一人の人間として認識しうるのである。それは「母性」を賞揚する者の多くが、子どものためという大義名分をたてながら、子どもを国家の人材とか、優秀な労働力といったように、「資源」と位置づけてしまっているのと対極にある。リブ運動における「母性」の否定は、逆説的にも「産むこと」と「子育て」それ自体の営みを守りきろうとしたゆえともいえるのではなかろうか。

3 〈性の解放〉とは何か

だがこのようなリブ運動の志向は現在ほとんど理解されてはいない。そしてリブとは、「母」であることを否定し、「女」であることに特化しようとした運動であったと解釈されている。すなわち、「性の解放」こそリブ運動の主要な論点であり、「女も男と同じように自由に性行為する」「フリーセックスを求めた」運動であったと思われているのである。

たしかに、「性の解放」はリブの主要な主張点であった。「抱かれる女から抱く女へ」という言葉はリブのテーマのひとつをもっとも明確に示しているし、「女性解放とは性の解放でなければならない」という主張はリブがもっとも強調したことであった。だが、それはリブが女を性的存在に特化し、その側面の解放のみを求めたと解釈してはまったく誤りである。なぜならリブが批判したのは、女、母、妻というように女性の役割が分裂し、女性がひとりの人格として承認されずに、様々な社会的役割によって内面から引き裂かれていること自体であったからである。

リブ運動が「性の解放」を主張したのは、「性の領域」がこれまで女性解放論においてもほとんど語られてこなかった領域であったからである。女性は性的対象なのであり、性の主体ではなかった。性を「語る」ことは男の特権であり、女は口にすることもはずかしいこととされていた。それゆえ女は自分の身体そのものをも「はずかしい」ものとして見、自分の身体についてほとんど知識を持っていなかった。性において女も主体であるのだと主張することは、自分自身の身体を自分の手にとりもどすためにも必要なことだったのである。

だが、このようなリブ運動の言葉は、男性中心の性文化の担い手であるマスコミによって興味本位に歪曲されて報道された。リブとは「女性上位」の性交のことであるといったイメージが形づくられた。そしてこのことにより男女の性におけるダブルスタンダードを受容している多くの人々の反感を買うことになった。また良識ある人々においても、「性行為」といったもっとも個人的、私的な領域において「男女平等イデオロギー」を押したてて闖入することに対する批判的な見解が生まれたのである。

実際、人々の日常生活での習慣や文化を「イデオロギー」によって攻撃するのは無理を伴うものである。日常生活は人々が「自発的に」「自由に」相互行為することでその豊かな相を呈している。むろん、その「自由」は特定の社会規範が前提とされている。それゆえその批判を行なうことは可能である。だが日常生活を特定のイデオロギーで裁断してしまうことは単にその社会規範を否定するだけでなく、人々の「自発的な」「自由な」相互行為領域の豊かな相をも否定してしまうことになるのである。リブ運動の主張した「性の解放」や「女らしさ」イデオロギー批判に対する反感にはこうした危惧があったにちがいない。

　しかし、リブが「性」の領域や「服装」「化粧」等々の日常的、私的生活にまで批判を行なっていったのは、こうした次元での「性差別意識」が生む大きな効果に気づいていたからであった。一見私的な、ささいなことに思える日常的次元での「差別意識」は、ささいであるゆえに「あげつらう」ことは益がないように思える。「あげつらう」ことによる益よりも、そのことにより人々の「自由な」「自然な」相互行為を否定するという意味での害の方が大きいと考えられがちであるが、実際、これらの私的・日常的次元での「性差別意識」こそ、実際には「性別分業」体制を再生産する上でもっとも重要な役割を果たしているのである。

　なぜなら、現代社会における女性の抑圧は、公的・法的な次元の問題であるよりも、社会的・慣習的な次元での問題であるからである。「性差別」は意識のもっとも深い層にまで根を張っている。立居ふるまい、言葉遣い、身じまいにいたる生活のすみずみまで、性別による望ましいあり方は区別されており、その片方――「女らしさ」――に同一化することで多くの女性は「性別分業」をも「自発的に」受け入れていくのである。「性差別」は、このような女性の側の「自発的服従」によって維持再生産されているのだ。

　そして、これら日常的次元での「性差別意識」は、それが日常的であるがゆえに、一層強固であり根深い。「女は男に従属するべきだ」といったあからさまな「性差別意識」には強く反発する女性も、「きれい好き」でない女性や「身だしなみ」が悪い女性、「つつましくない」女性に対しては、「女のくせに」という言葉を平気で投げかける。女性ならば「きれい好き」でなければならないし、女の生理や身体に関することを公言してはならないと考えられているからである。だがこうした次元での性別規範の受容が、女性に自らの可能性、行為の幅を自己限定させ制限させてしまっているのである。だからこそ、リブはあえてこうしたタブーを意図的に犯し問題化したのではあるまいか。

4　自分のことばで語る

以上述べたように、現在流布しているリブ運動像の多くは誤りであるか、少なくとも一面的理解である。そしてそうしたリブ像に基づいて、リブ運動に対する否定的言及の多くはなされているのである。たしかにリブ運動の言葉はラディカルであり、革命的であった。だがそれは、現在考慮する必要がない一部の急進主義という意味でラディカルだったのではなく、現在の女性の状況にも充分妥当する問題を、根本的なところから提起したという意味でラディカルだったのだ。リブ運動が当時、非常に広範な層の多くの女性たちに強い刺激を与え、影響を与えたのはそれゆえであった。だが、この影響を与えたという事実さえ忘れられようとしている。リブ運動は「多くの人々の心に浸みる語り口を発見しえなかった」と考えられているのであり、それは労働過程や「労働力再生産過程に組み込まれて生きている普通の女や普通の男の感覚に鋭くふれるものたりえなかった(4)」とされているのである。

だが、この指摘は正確ではない。リブ運動はそれ以前の女性解放運動に比較して、より普通の人々によって支えられたのである。運動参加者は、ごく普通の学生や主婦、パート労働者、アルバイト生活者など、けっして特に恵まれているわけではない女性たちが多かったのであり、それらの人々の心からの共感によって、組織を持たぬ、無力の無名の女性たちの小グループ連合体が全国的な運動をなしえたのであった。それはリブの「語り口」が人々の心に鋭くふれるものでなかったならばけっしてなしえなかったろう。リブはその内容の論理性によって人々を説得したのではなく、その「語り口」によって人々の感覚にふれたのである。たしかにリブ運動に対する反感も非常に強くあらわれた。だがそのことこそ、いかにリブの「語り口」が人々に強く訴えるものを持っていたかの逆説的証しであり、その反感と同じぐらい、多くの女性の共感を得たのであった。

したがって、リブ運動の思想が現在ほとんど理解されていないのは、リブの「語り口」が普通の人々の感覚にふれなかった点にではなく、むしろ感覚にふれただけでその共感や反発の言葉化がなされなかった点に求めるべきであろう。

井上輝子氏はリブ運動の「語り口」の特徴を「対話的」であることに求めている。「対話的」であるとは、「相手と自己との個別的関係の中での」言葉であるという意味であり、その言葉が誰に向かってどういう状況において発話されたのかということの理解なしには充分には理解できぬ言葉であることを意味する。氏によれば、リブ運動の主張した「女の論理」とは、言葉のもつこうした文脈依存性をぎりぎりまで減少させていこうとする「男の論理」と対照的に、状況の中でいかに効果的に相手に自分を理解させるか、印象づけるか、説得するかにかけた「語り口」を意味したという[5]。

たしかにリブ運動の言葉は、その時の状況において、すばらしい輝きをもって人々の心をうった。その状況を共有する者にとってはまさに「解る者には解る」言葉として呈示されたのであった。だがそれは状況を共有しない多くの男たちにとっては、内容を理解する以前に「耳ざわりな言葉」として反発を生じさせてしまったかもしれない。また時間を経ることで、活字でしかそれを知りえない者にとって理解しにくいものになっていったのかもしれない。なぜなら状況を共有しない者にとっては、こうしたリブ運動の「語り口」は理解に際し自らの内部において状況の再構成を行なうという、聞く側、読む側の努力を要する言葉であったからである。「聞く力のない者には聞かせない」というリブの言葉は、共感を生むと同時に、理解の努力を惜しむ者に対してはその理解を閉ざしてしまう戦略でもあった。そしてリブ運動に共感した者の側でも、その共感を言葉化しようとする努力が欠けたまま、時間を経ることによってその言葉が風化していってしまったのである。リブ運動の「語り口」の状況依存性が理解されないまま「女が女として生きていないのに、妻として母として生きられるか！」といった言葉が、そのまま「女性の家庭内で果たしている役割への侮蔑」の言葉としてまた、女性解放を「性の解放」に一面化する言葉として了解され、現在流布しているリブ運動像が定着してしまったのである。それらの言葉が、今の状況を生きる女の「あがき声」であることが理解されないままに。

したがって、現在必要な「ウーマンリブ」批判とその乗りこえは、一面化され歪曲されたリブに依拠したのでは不毛な議論に終ってしまうであろう。ベティ・フリーダンはその著書『セカンド・ステージ』の中で、もはや「女性だけの問題とか、独立した個人の問題とか、あるいは男性との平等の達成」こそが問題なのではなく、「家族との新しい関係」こそが問題なのだと主張し、「女性運動ではなく男性を含めた全ての人々の運動」こそが今求められているという。また「性の問題への女性解放論の傾斜」は真の問題から眼をそらさせたゆえに有害であったという。

こうした指摘は、アメリカの六〇年代・七〇年代の女性運動に対する指摘としては、ある一面で的を射ていたかもしれない。けれど、日本の女性解放論の多くがリブ運動をも含めて、共同（体）主義的フェミニズム、母性主義的色彩をおびていたという上野氏の指摘に従うならば、フリーダンの主張をそのまま日本のリブ運動にも適用し、今必要なのは「家族の再建」を求める女性運動であるという主張を行なうことは不適切であろう。むしろ日本のリブ運動が問題化しなかった領域の指摘こそ必要であると思われるからである。また、青木やよひ氏は、今求められているフェミニズムは「単に体制や男性に向かって性差別を告発するだけでなく、個人がその生き方を変えることでみずから解放しつつ、社会変革へいたるあらたな回路を実践的に探求する」という点で「ウーマンリブ」とは異なるという。[6]だが青木氏の指摘するような「個人がその生き方を変えることでみずから解放しつつ、社会変革へいたる」運動こそ、日本のリブ運動が行なった運動であり、それはそれゆえにまた、大きな限界を持ったものだったことは別のところで指摘した。[7]今必要なのは、こうしたリブ運動が持った様々な論理の空転や教条化を解明し、新たな運動の方向性をさぐることであろう。

しかし、様々な限界を持ちつつも、日本のリブ運動は日本的状況に即しながら、ごく普通の女たちが自らの状況を変革すべく自分の言葉で語り出した運動であったという点で、大きく評価できるものであった。女性解放思想は「人間」解放思想に遅れてきたものの必然として、近代的「人間」解放思想への距離のとり方をめぐって「近代主義的」志向、「個人主義的」志向と、「超近代主義—前近代主義的」志向、「共同体主義的」志向への分裂を余儀なくされている。

だが、この二極分解の不可避性こそ人間＝男性という前提に基づく近代の「人間」解放思想が強いる罠であり、虚偽問題なのである。それゆえリブ運動をこのいずれかの類型に無理に「あてはめ」、それを断罪することはけっして有意義ではないであろう。いま必要なのは、リブ運動が呈示した、この対立に対する一つの止揚のあり方を言葉化し、乗りこえていくことであろう。

注

(1) 上野千鶴子「恋愛結婚イデオロギーと母性イデオロギー」『女性学年報』第五号、日本女性学研究会、一九八四年。
(2) 田中美津『いのちの女たちへ』田畑書店、一九七二年。
(3) 香内信子編『資料母性保護論争』ドメス出版、一九八四年。
(4) 菅孝行『女の自立・男の自由』毎日新聞社、一九八四年。
(5) 井上輝子『女性学とその周辺』勁草書房、一九八〇年。
(6) 青木やよひ「フェミニズムの未来」『現代思想』一九八五年四月号。
(7) 本書Ⅱ「リブ運動の軌跡」参照。

Ⅲ

からかいの政治学

1 はじめに

七〇年代初頭において、ウーマンリブ運動が登場して以来、それに対するマスコミのとりあげ方は一貫して「からかい」や「嘲笑」に満ちていた。「『女・エロス』に見る猛女史らの性感覚」「恐ろしやリブカレンダーの中身」「ウーマンリブ才女がぶちあげた女上位の強姦・妊娠防禦術」「北海道四日間『やっぱり男がいい』ウーマンリブ合宿」「大会に馳せ参じた猛女たちの『かわいい部分』」——以上は、週刊誌にとりあげられたウーマンリブ関係の記事の見出しである。むろん、リブ運動を真正面からとりくむ記事がなかったわけではないし、メディアの性質によっても差があったのは無論である。[2] しかし、マスコミの姿勢の主流は、「からかい」「嘲笑」であったと言っていい。

こうした「からかい」の姿勢は、リブ運動の女性たちを非常に怒らせたことはいうまでもない。「何かやったり言ったりするたびにからかわれるのは分かっているんです。でも歯を食いしばってやるつもりです」[3]。「ウーマンリブと名乗る女たちが去年の十月突如として東京に出現して以来ほとんど伝えられる記事は嘲笑とからかいに充ちている。ひとことで言えば、『ブスな女どもが騒いでいる』という言い方である」[4]。「どうしてリブというとすぐカリカチュアライズするんですか」と取材の記者に食ってかかった女もいた[5]。

アメリカにおいても同様であった。フリーマンは、アメリカの六〇～七〇年代の女性解放運動に対するメディアの対応を次のように分析している。「大方のメディアは、初期の女性解放運動を、ユーモアと冷やかし、それに不信の混ぜ合わせでこの問題に対処した」。「かつて、イッピーの冗談の裏面に隠されていた政治的メッセージを読み取ることには熱心であった記者たちも、女性の行動に関しては、ただ皮相的に一瞥しただけで、いかに女がバカであるかを描写するために、それらの行動を引用した。ジャーナリズムは、社会一般が女性を取り扱うのと同じような調子で、女性の解放を論じた。――真剣に取り組むのではなく、一種の娯楽として」[6]。一般に女性解放運動の歴史においても、社会からの基本的な対応は、この「からかい」や「嘲笑」であったということができる。イギリスやアメリカで過激な行動形態で闘いぬいた婦選運動に対しても、日本の青鞜運動に対しても、繰り返し「冷やかし」や「からかい」が投げかけられたのである。

これらの事実から、ジャーナリズムの「からかい」の姿勢を非難し、その体質を批判することもできる。しかし本章は、それを目的とするのではなく、女性解放運動に対してとられた「からかい」を、ひとつの政治的表現として考え、そのレトリックの論理、意味を考察してみたいと考える。

なぜなら、「からかい」という表現には、単なる批判や攻撃、いやがらせにとどまらない固有の質があるからである。たとえばそのことは、「からかわれた」側の女性たちの反応、怒りが、単なる攻撃に対するのとは異なる質を持っていたことからも明らかである。それは、いわば内に鬱屈するような、憤りの捌け口をふさがれたような怒りであった。このような怒りは、意図的な攻撃に対しては生じないものである。したがってそれは、批判や攻撃の意図自体に対して生じているのではなく「からかい」の表現に対するものなのである。

むろん、フリーマンが述べるように、それは女性一般に対する蔑視に根を持っているということはいうまでもない。だが、蔑視が必ずしも「からかい」を生むとは限らない。冷ややかな黙殺も、あからさまな侮蔑も可能である。また、これら蔑視されていた人々が差別撤廃を求めて立ちあがった場合、それらの運動は、女性解放運動ほどには、「からかい」や「嘲笑」や「冷やかし」の一斉攻撃を浴びはしなかった。それらは、あからさまな敵意や冷ややかな黙殺で遇せられはしたのであるが。

したがって、そこに、われわれの意識に隠されている、非常に深い「カテゴリーわけ」がなされていることが推測される。ある人々には「からかい」を、他の人々には「あからさまな攻撃」をとらせるところの、何らかの「解釈枠組」が考えられるのである。それは、「からかわれた」側だけでなく「からかう」側にも無意識的に作用している。

そしてその「カテゴリーわけ」を底にふくみつつ、「からかい」は、言葉で表現された内容を超えた意味を表現に付与する。その意味は「からかい」というレトリックが持つ構造的なものである。それは明瞭に言語化されていないことによって、あたかも「罠」や「呪縛」のように、相互作用を拘束する。その結果、「からかわれた側」は、「からかい」の内に位置づいてしまい、その解き口を見出すことができず、捌け口のない怒りを鬱屈させることになるのである。

その結果、「からかい」は、暗黙に、強い政治的効果を持つことになる。リブ運動に関しては、マスコミの「からかい」の対応は、多くの女性をリブ運動から心理的にひきはなすのに非常に大きな効果をおよぼした。しかし、この効果がまさに暗黙になされるゆえに、それに対する非難、攻撃を行なっても、それは説得力を持ちえないのだ。

本章では、「からかいの構造」そのものを考察し、次に「からかい」が適用される「諸カテゴリー」とそれぞれの場合の意味を考察し、そこから、なぜ、またどのように、「からかい」が政治的効果を持つかを考えてみようと思う。むろん、この小論においては「からかいの構造」それ自体を掘り下げることはできない。したがって、以下は、「からかい」の政治的効果を「からかい」の内在的な考察から解くためのひとつの試論にすぎない。そして、そのことによって、リブ運動がなぜ「からかい」の一斉攻撃を浴びたのか、また、その結果どのような政治的効果がリブ運動に与えられたのか、少しでもあきらかにすることができれば幸いである。

2 からかいの構造

では一体、「からかい」とは何なのか。「からかい」は、相互行為の一形式であり、それを一方の側からとらえたものである。「からかい」は、「からかう側」から「からかわれる側」に向けられた行為なのである。この「からかい」の行為は、通常言葉を伴っている。本章では、「からかい」を「からかい」の言葉として問題にしたい。

一般に、言葉は、その内容それ自体の意味と、その言葉をどのように受け取るべきかという文脈や状況における意味という二重の意味を持つ。「からかい」についても同様に考えられる。

まずはじめに後者から考察しよう。「からかい」の言葉とは、「遊び」の文脈に位置づけられている。すなわち、「からかい」の言葉は、けっして言葉どおりに、「真面目」に受けとられてはならないのである。「からかい」の言葉は「遊び」であり、余裕やゆとりであり、その言葉に対しては、日常生活における言葉の責任を免れている。

　したがって「からかい」は通常、何らかの標識を伴っている。それはニヤニヤ笑いや声の調子、身ぶり、思わせぶりな目くばせなどである。これらの標識は、「からかわれる側」に直接示されるとは限らない。第三者がいる時は、その第三者に標識が示される場合もある。むろん、「からかわれた」側がその「からかい」の標識に「気づかぬ」場合もある。しかし、誰かがそれを認知しさえすれば、その言葉はその場においてその時点で、「からかい」であり「遊び」であることが宣言されているのだ。

「からかい」はそれが「真面目」なことでないからこそ、発言の責任主体の特定化を避けることになる。むろん、対面的状況では、誰が話しているかは明瞭であるが、しかし、その発言の主張や内容があたかも伝聞であったり、自明の事実であったりするように表明されるのである。「私はお前を○○だと思う」という形の、その言葉の内容が自分自身の思想や意志に帰着されてしまうような文体をけっして「からかい」はとらない。なぜならこうした文体は、言葉の責任の所在を明瞭にしてしまうからである。「からかい」は「遊び」であるからこそ、責任の明確化は必要ではないし、「遊び」のルールからして不要である。

　したがって「からかい」の言葉は、その言葉を発した個人の意志や意図に帰着されないよう、「普遍化」「匿名化」される。

雑誌などの記事における、言葉のみにおける「からかい」においては、「からかい」の標識はその文章の調子、言葉遣い、文体によって与えられるわけであるが、この時、文の主体を不明瞭化し「匿名化」することは、ひとつの重要な標識である。「ウァー! 恐ろしや、くわばらくわばら」と書くわけである。

集団内で「からかい」が提起されれば、それに反対する理由が特にない限り、「からかい」の共謀者となることが、その場にいる全員に要請される。なぜなら「からかい」は「遊び」であり「冗談」だからである。「遊び」である以上、ルール破りは、最大の「遊び」に対する冒瀆なのである。したがって、ルールを破らないという消極的な共謀を、そこにいる人々すべてが要請されるのだ。ルール破りをあえて行なうにはかなりの勇気がいるだけでなく、その場にいる皆を納得させるだけの正当な理由が必要なのである。

逆に「からかい」を提起した者は、積極的にまわりの人々をまきこむことによって「からかい」のゲームを成立させようとする。それによって、彼は「からかい」の言葉を「匿名化」するという作業も成しとげることができる。

以上の「遊び」と「普遍性」という、「からかい」の言葉の持つ二重の意味指定、文脈は、「からかい」が「からかわれる側」だけでなく第三者、オーディエンスも想定していることを明らかにする。原則的・構造的には、「からかい」の言葉は、オーディエンスに向けては「遊び」であることを主張し、「からかわれる側」に向けては「普遍的・匿名的・自明的な主張」であることを主張する。しかし、このことは、以下のことを妨げない。第一に、二重の意味指定が、異なる二種の相手に、ともに読まれること。この場合でも、それぞれの行為者はそれぞれの与えられた筋書に従って演技せねばならない。第二に、オーディエンスの不在の場合でも、「からかい」の言葉は成立する。なぜならば、「からかわれる側」は必ず、オーディエンスの能力も身につけており、従ってオーディエンスを想定して、筋書を進行させうるし、同様のことが「からかう側」にも言いえるのである。

基本的に、この二重の意味指定こそ、「からかい」の構造である。この構造を持つ限りあらゆることが、「からかい」の種になりうる。エープリル・フールであるのにそれに気づかぬ者がいた場合、その人にウソをつき、その人が真にうけるのを楽しむ者、悪口を書いた紙をその人の背中に貼りつける者、子どもに恐い話をして、それを真にうける子どもを面白がるおとな……。これらは皆、「遊び」であることを知っている者と、そのことに気がつかず、ある人の主張を、「真実」であるととりちがえる者との間になりたつ「からかい」の行為である。これらはともに、オーディエンスに「遊び」や「ゲーム」であることを示し、「からかわれる側」には、その意味指定を隠そうとしている。

次に、「からかい」の言葉の内容自体について考察しよう。むろんあらゆることが「からかい」の種になりうる。しかし、「からかい」の言葉は、その内容自体において、いくつかの顕著なパターンを示す。そのもっとも重要なものは、「からかわれる側」の行為の意図や動機を、当人の思っているのではない、または、公的に表現されたのではない文脈におきかえてしまうことである。

たとえば、「からかわれる側」が夢中になり、熱心に何ごとかに集中している場合、「からかい」は彼らの行為や言葉を別の文脈におきかえることによって、「冷やかす」ことができる。夫婦ゲンカに対し、「いつも仲の良ろしいことで」というような例である。「真面目」さや「熱中」は「冷やかし」のかっこうの対象となる。

または、公的に表明されたのではない、通常、それよりもより通俗的な動機を、「からかわれる側」の行為や言葉に付与することがある。道義的、倫理的な主張に対し、金銭上の動機をさがしあてるなどの例、また、恋仲らしい男女の、何げない行動の内に、それらしい徴候を見出し「からかう」のもその類である。これらの「からかい」の場合、「からかわれる」側の行為の本当の意図は当人よりも「からかう」側が良く知っているのだという主張がなされるのである。「からかわれる側」に帰属させられる動機や意図は、通常、公的に表明されるには、「恥ずかしかった」り、「はしたない」と思われていることでありながら、非常に一般的な誰でも持っていそうな動機や意図である。したがって、「からかわれる側」が「隠して」いるのはあたりまえとされ、同時に、それを持っていることは当然であるという主張がなされるのだ。

したがって「からかい」の言葉は、その内容において、「からかわれる側」の行為や属性について何らかの主張を行なうことができる。しかし、この主張は、あくまで「からかい」の文脈におかれており、「遊び」であることが宣言されているのである。

以上の考察から「からかい」という社会的相互行為のパターンには次のような特徴があるといいうるだろう。第一に、「からかい」は、基本的に「遊び」の文脈に位置する。そのことによって「からかい」の行為や言葉は、「真面目な」社会的相互行為の責任を回避できる。第二に、しかし、「からかい」のゲームが成り立つためには、「からかい」の言葉の主張が「からかわれる側」に対しては、「匿名的・普遍的・自明的」なものとして呈示されねばならない。この二重の意味指定によって、「からかう」側は「からかわれる側」に対し、優位に立つことになる。第三に、「からかい」の言葉は、その内容において、「からかわれる側」の行為や属性について、何らかの主張を行なうことができる。

3 からかいの機能

「からかい」は様々な機能を持ちうる。その中でももっとも重要なものは、「からかい」が「親密性」を確認させることができるということである。

「からかい」は、通常、見知らぬ他者に対しては発動されない。充分に親しい関係を持っている者どうしの「からかい」の行為は、「からかわれる側」の者と「からかいあえる」ほどの親しい間柄であることを確認させる機能を持つ。なぜなら、「からかい」はその不誠実性によって、「からかわれる側」の怒りをひきおこすかもしれないからであり、許してくれるであろうとの予想なしには、行ないがたいからである。そして「からかう」側がその予想を行なったということが、「からかわれる」側にも認知されることによって、「親密性」が確認されるのである。

親しい対等な関係、同輩関係においては、相互に「からかいあう」関係が生まれる。その場合「からかい」は、子どもの「遊び」とまったく同じ意味で、気晴らしでありゲームである。

しかし、一方が他方よりもあきらかに優位であったり、他方を保護する役割を担っていたりする場合、「からかい」は、様々な別の意味を担うことになる。仮に、一方が他方より明瞭に優位に立つような関係を強者―劣者関係と呼び、その諸相を示すことにしよう。むろん、強者―劣者関係においても、「からかい」は相互に親密な関係であることを確認させる機能を果たす。相互に充分親しい、強者―劣者関係において、いわば「愛情の表現」であるような「からかいあい」がある。その場合、劣者から強者に対して発動される「からかい」の行為は、強者の保護や愛情が自分に向けられていることを確認させ、他方、強者から劣者に発動される「からかい」の行為は、劣者への「手加減」を示し、愛情を確認させるのである。

しかし、一般に社会的に劣位に立つとされている人々は、まったく見知らぬ者からの「からかい」をうけやすい立場にある。たとえば、子どもはこの例である。この「からかい」は「親密性」の表現であることが多い。子どもを「からかう」おとなが、悪意や攻撃の意図を持っていることは稀である。しかし、「からかい」が「親密性」の表明であるとしても、いや、見知らぬ者からの「親密性」の表現それ自体も、子どもを非常に怒らせることがある。なぜならば、それは子ども側の意志を無視して投げかけられるからである。そして、意志を無視して良いという判定を見知らぬ他人がしたということ自体が、「投げかけられた側」を劣位者として軽侮したことのあかしであるからである。このことは逆に、他者を侮辱する手口として「利用」される。さほど親しくない他者、または、見知らぬ他者に対し、親しげな愛称や呼称で呼びかけること自体が、はっきりと侮辱の意図を伝えるのである。

強者―劣者関係においては、「からかい」はしばしば、攻撃や批判、制裁などの、実際上の意図を持つ行為をつつみ隠すオブラートの役割を果たす。この場合、「からかい」という相互作用のパターンは利用されているのである。

「からかい」は「遊び」の文脈にある。このことは、攻撃性を隠すのに「利用されうる」。社会では、制度的に公認された手段を用いる以外、競争や闘争は禁止されている。したがって、それ以外の争いの場合、攻撃性を隠しうるカクレミノを用いることが必要になる。特に、明瞭な強者—劣者関係においては、はじめから争いの結果は明瞭である。したがってこうした場合、相互に「真面目に」対決することは、劣位者にとって得策でないばかりか、強者にとっても、社会的な非難を受けるゆえに、良策とはいえない。この時、「遊び」の文脈に位置しつつ、相手の行為や属性についての情報を呈示しうる「からかい」は有効な策として「利用される」のである。このような「からかい」の相互行為パターンの「利用」は、相互に面識のある関係だけでなく、社会的カテゴリーとしての強者—劣者関係において広範に「利用」される。

劣者から強者に対する批判や攻撃が「からかい」の形式をとるのは、強者の反発的な攻撃を抑制し、自らを防御するためであることが多い。劣者は強者の反撃によって、「ひとたまりもなくひねりつぶされる」かもしれないので、自らの攻撃や批判の意図を、「からかい」の形式に隠そうとするのである。「からかい」が「遊び」である以上、それに対して、実際上の反撃を加えることは、社会規範によって抑制されている。それは「ルール違反」である。同輩関係における「からかい」でも、その「からかい」に対し、本当に怒ることは「おとなげない」ことである。まして、強者が劣者からの「からかい」に対し、本当に怒り、攻撃を加えることは、「みっともない」ことなのである。このことが劣者に認知されているゆえに、劣者は強者への批判や攻撃を「からかい」の文脈におくことによって、強者からの攻撃をさけようとするのである。また、「からかい」が「匿名的」な表現であることも劣者にとって有利に働く。劣者は個人としての自己を表舞台にさらすことなく、批判的意図を表明しうる。「からかい」はゲームの性質上、多くのオーディエンスを共謀者としてまきこむのである。

「からかい」という形式を使用して強者を批判・攻撃することは、その形式の使用自体が、強者―劣者関係存在を確認させる手段でもある。劣者は「からかい」の手段をとることで自らを劣者として、とるに足らぬ者として、規定しなおすのである。その結果、強者は手加減の規範を再度課され直すことになる。このことは、道化がなぜ、非常に鋭い批判を権力者に向かってなしうるかということを説明する。江戸期の「戯作者」という自己規定も、この観点から把握できる。戯作と規定することで、自らをとるに足らぬ者という位置におき、その結果あらゆるものを「からかい」「冷やかし」「茶化す」権利を手に入れるのである。

逆に、強者から劣者に向けられた「からかい」は、劣者に対する攻撃的意図を隠すことによって劣者を攻撃したということに対する社会的な非難を避けるために「利用」されることが多い。圧倒的に力ある存在である強者は、劣者と「真面目に」争うこと自体が自らの体面を汚してしまう。その攻撃の意図は、「からかい」の「遊び」の経路によって示される結果、強者の側の「手加減」「余裕」が呈示され、強者の体面を傷つけずにすむのである。

しかし、このことが、他者に対する侮辱として「利用」されることもある。なぜならば、「からかい」の形式の使用自体が、他者を「真面目」にとりあげるに値しないものと規定することにもなるからである。

以上の考察を通じて、以下のことが示された。「からかい」は「親密性」を確認させる機能を果たす。相互に「許しあえ」る関係であることを確認させるのである。しかし、強者—劣者関係においては、「からかい」は、侮辱・攻撃・批判といった実際上の意図を実現する社会的行為に「利用」されることもある。また逆に、「からかい」の形式をとることで、自らを「とるに足らぬ者」と規定したり、他者を「真面目に相手にするに足らぬ者」と規定することもできる。

この考察を通じて、「からかい」という相互作用形式が持つ意味、機能については、両者の親しさの程度、強者—劣者などの社会的カテゴリーが暗黙に作用していることが示し得たと思う。このカテゴリーの相互関係において、「からかい」はその意味と機能を様々に変える。しかしいずれもそれは、「からかい」が示す「軽侮」と「親密性」の意味に関連しているのであるが。

4　からかいの呪縛

　以上のような「からかい」の基本的な性質から、非常に興味ある以下の問題に対し解答を試みよう。それは、一体、「からかい」の形式において示された情報に対して、どのようにして抗議しうるかという問題である。「からかい」は、皆が楽しめる「遊び」として成立する場合もある。しかし、3で述べたごとく、それは実際上の攻撃や侮辱を含む場合もあるのだ。もし、「からかわれた側」が、侮辱されたと感じたり、いわれのない非難を被ったと感じた場合、それに対する抗議は一体どのようにして可能なのだろうか。

「からかい」に対する抗議は困難である。なぜなら、「からかい」の宣言は、それが「遊び」であることを主張するのであり、「からかい」の行為や言葉が、通常の社会的責任を免れることを表明するからである。すでに述べたごとく、「からかい」の行為や言葉に対して、その内容に対し、「真面目」に批判し抗議しても、それは「遊び」のルール違反であり、オーディエンスに対し説得力を持つ主張とはなりえない。

　おそらく、そうした抗議は、「おとなげない」行為としてさらなる失笑を引きおこすか、白けさせる行為や言葉として沈黙の非難をうけるか、「理不尽な」行為として怒りや批判を受けるかいずれかである。

「からかい」の構造が成立している限り、それに対する抗議は、ルール違反の認定をうけざるをえない。ゆえに、「からかい」に対する抗議は、「からかい」の構造自体を崩すという課題までも、二重に引き受けざるをえない。

「からかい」の構造自体を崩すことは、「からかい」が「遊び」ではなく、特定できる個人やグループの意図的な攻撃であることを「証明」することによって行なわれる。その「証明」によって、潜在的な「からかう側」の共謀者であるオーディエンスを、「からかわれた側」にひきつけることができる。この結果、「からかい」の言葉は「遊び」の文脈から脱し、特定できる個人やグループの意図や思想として読みかえられることになる。この形になってはじめて、「からかい」の言葉の内容は批判可能な体を呈することになる。

しかし、このような読みかえの責任はあくまで抗議する側にある。したがって、非難や攻撃に対する抗議の場合と異なり、「からかい」に対する抗議は抗議する側が「無実」なままでは行ない得ない。なぜなら、読みかえは、「からかった」者に、悪意や攻撃の意図を帰属させることになるのであり、表明されていない悪意や攻撃の意図を、ある行為に帰属させることは、それ自体が敵対関係の表明である。したがって「からかわれた」側=抗議する側も、その抗議という行為自体において、他者への敵対行為を行なったことになる。しかも、その敵対をはじめに表明したのは抗議者である。故に、「からかい」に対する抗議は、明白な非難や攻撃に対するような、「全く理不尽にも攻撃された」というような無実の主張にはならず、むしろ積極的に他者の悪意や欠点を洗い出し非難することにならざるをえない。抗議する者がおのれ自身の手をまず染めることによってしか、抗議を行なえないのである。したがって、抗議者は、自分は何もしていないという無実性を正当性の根拠にすることができないので、この抗議は、せいぜい、新しい論争の場を確保したにとどまる。「からかった」側は、抗議者の挑戦に対し、抗議者がルール違反を行なったことを楯に、充分反論可能なのである。

したがって「からかわれた」側は、いかにその「からかい」に対し怒りを感じようとも、怒りを回路づけることに困難を覚えざるをえない。このため、「からかわれた」側の怒りは屈折し内にこもることになる。「からかい」への抗議が出会うと予想される様々な困難を思うだけで、抗議への意欲は薄れがちである。したがって最良の策は「からかい」を全く無視することだとさとるのである。

この意味で、「からかわれる」ことは非難されたり攻撃された場合よりも、「からかわれる」側の骨身にしみることがある。信念や思想に対する非難や攻撃は、逆にそれらを強めることが多いが、「からかい」は怒りを回路づけえぬゆえに、一人相撲を取っているような虚しさを引き起こすのである。「からかい」の構造にまきこまれた者は、「からかい」の呪縛にとらわれてしまうのだ。それを解くことは、あたかもぬかるみの中に足をとられてあがくがごとくである。

5　からかいの政治学——性差別と女性解放運動の場合

では最後に、女性解放運動に向けられた「からかい」の問題を、以上の考察から考えてみることにしよう。

フリーマンは、女性解放運動に向けられた「からかい」の本質を適確に指摘している。すなわち、それは社会一般が女性を取り扱うのと同じ調子だというのである。この指摘に従い、まず女性に対してとられる「からかい」を考察してみることにしよう。

第一に、女性は日常的に、「性的からかい」の対象となっている。道を歩いていて、見知らぬ男から、口笛や野卑な冗談を投げつけられることは、若い女性にとって日常的にありふれた出来事である。

性的な事柄は、「からかい」の種として非常に重要な要素である。性は、人間にとって、もっとも親密な事柄である。それゆえ、意識は、性を表現することが困難である。通常、性は表現にとってタブーの領域となっている。したがって性を話題とすることは、非常にねじれた形でしか可能ではない。性を話題とする時のくすくす笑いは、身体と表現との間のねじれの証しである。したがって、性的な言葉を投げかけられることは、当惑と困惑をひきおこさざるをえない。このことが、性的な事柄を、「からかい」の種の特権的なものにしたてあげているのである。

この社会において、男性は優位にある性とされている。この男性にとって、女性は性的な他者である。あらゆる女性は、男性にとって、性的他者としての読みかえが可能である。性的関係を持つ男女は、社会の内で、もっとも「親密な」関係にあるものとして認定されている。「からかい」は、こうした「親密性」関係において許される行為であり、「親密性」の表現である。しかし、あらゆる女性が潜在的に性的な対象たりうることによって、幻想的にすべての女性は「親密性」を付与されうる。その結果、「性的なからかい」が見知らぬ女性に対し男性から投げかけられることになる。

第二に、女性は子どもと同じように、社会的に劣位のカテゴリーに属する者と見なされている。それは、女性が子どもや老人と同じく、保護を要する者とされているためである。保護を要する者は、常に他者の手をわずらわす可能性を秘めているため、他者の関与を拒否する権利がないものとみなされているのである。他の観点からみれば、社会的に劣位と認定されるカテゴリーに属する人々に接近する場合は、そうでない人々よりも垣根が少ないと考えられているということである。この結果、劣位のカテゴリーに属する人々は、より「親密性」を付与されがちである。

その結果、一般に女性は「からかい」の対象になりやすい。女性は、「重々しく」扱われることは稀であり、「軽い」ちょっとした事柄として扱われるのである。

以上のことが、女性一般に「私生活」「親密」といった幻想を付与する。その結果、フリーマンが述べたように、社会一般は女性を一種の娯楽として扱うことになるのである。女性解放運動に向けられた「からかい」は、こうした女性一般に対する「からかい」を基盤としていることはいうまでもない。しかしそれは、おそらく、より複雑な防衛的な反応でもあるだろうと考えられる。

第一に、なぜ、女性解放運動が性一般に対すると同様の「からかい」の一斉攻撃を浴びたのかが問題とされねばならない。なぜなら、通常、マスコミは「真面目な意図」を持って活動している女性たちを、「からかい」の対象からはずすからである。平和運動をやる主婦や、子どもの幸福を訴える母たちは、こうした「からかい」を免れている。では、なぜ女性解放運動、特に七〇年代初頭のリブ運動は女性一般に対するのと同様の、「からかい」の一斉攻撃を浴びたのか。まず第一に、それは女性が女性として、権利を主張したからである。第二にそれは、リブ運動が、性的な領域を問題として提示したからである。この結果、マスコミは、女性解放運動を、まさに「女がやること」として扱ったのである。この結果、女性解放運動の主張は、すべて意味が読みかえられることになる。女性解放運動を行なっている女性を性的な対象として扱ってしまえさえすれば、こうした意味の読みかえは非常に簡単である。性的対象として見られた女性は、その身体的特徴のゆえに、魅力のない女と規定される。したがってその主張はすべて、「性的に満足させられていない女の欲求不満」や「ブスでもてない女の淋しさのつぶやき」と解釈される。女が自立とか自由とか解放とか叫ぶのは満足な男が見つけられないからだというわけである。

性的対象として女性を扱えば、男性を非難し批判する女性は、性関係の「親密性」を拒否する「猛女」、「恐ろしい女」である。逆にここから女性解放運動の女性たちの身体的な特徴がステレオタイプとして、イメージされる。「ボサボサ髪」か「ひっつめ髪」の男のような女に違いないというわけである。そして自ら創りあげたイメージをもとに、実際の女性解放運動の女性たちを取材し、「意外に美人」であるとか、「案外にして女らしい」とか、ご苦労にも「驚いてみせる」のである。

しかし、このような女性解放運動に対しても、女性一般に対するのと同様の扱いができたということとは、性差別の根強さ、根深さを物語っている。われわれは、通常、無意識的に様々な「差別」を行なってしまう。しかし、そのことを問題化する差別反対運動が生じると、無意的に行なっていた「差別」を意識し、自己変革をせまられるはずである。しかし、女性解放運動に対しては、このような態度の変更は顕著ではなかった。

それは、第一に、女性というカテゴリーが子どもと同じように、自然的カテゴリーであると考えられているからであり、第二に、女性があまりにも男性にとって身近すぎる理由によるのであろう。この結果、性差別は「差別」として認識されることがより少なく、「差別」を撤廃することを主張する女性解放運動は、「真面目」に受けとられなかったのである。

だがこのことから逆に、女性解放運動に対する社会、特に男性の側の狼狽を読みとることができる。男性にとって女性は、「親密性」の幻想の中に位置づく、「甘え」の関係にある他者である。この「親密な他者」からの批判は、おそらく「どうとり扱っていいかわからない」困惑を引きおこしたのかもしれない。その結果、女性解放運動に対し、はっきりとした批判や非難をぶつけるのではなく、「からかう」ことで、「ごまかそう」としたのかもしれない。論理的に自らの立場の正当性を主張できない場合にも、からかいは攻撃の策として利用されうるからである。

だが、こうした「からかい」が女性解放運動に対して与えたマイナスの効果は、はっきりした批判や非難よりも、非常に大きかった。

第一に、「からかい」の文脈でしか女性解放運動をとりあげないことによって、それが「真面目」に扱うに価しないものであるという印象を与えることができた。「子どもとケンカしてもしかたがない」と同じような意味で、「女の言うことに本気になって怒ってもしかたがない」というわけだ。その結果、論点を批判したり論争したりすることをまったくせずにその主張の説得力、効果を弱めることができた。

第二に、さらに重要なことは、女性解放運動などをやっている女性は、「性的にとり扱われて」当然だという印象を女性一般に与えてしまったことである。この社会では、「真面目な」女性、「主婦」や「母」は、公的な場で、個別にとりあつかわれる場合には、「性的からかいの対象」であることから免れることができる。たとえ、日々「性的からかい」の対象になっていても、公けの場において、そうしたとり扱いをうけることは、通常の女性はまずない。まして、マスコミにおいて、そうしたとり扱いをうけるのは、ごく一部の女性だけである。したがって逆に、これらの女性は、「そうされて当然」の理由があるとされてしまうのである。マスコミは、女性解放運動の女性たちを「性的からかい」の対象とすることによって、これらの女性たちが、非常に特殊な女性であるかのように印象づけることができた。その結果、多くの一般の女性は、自分を、そうした女性たちとは別の存在として位置づけようとすることになる。なぜなら、公けの場で「性的対象としての扱い」をうけることは、女性にとって一種の「地位低下」を意味するからである。それは、「母」や「主婦」という「尊敬できる女性」の位置から「転落」した女性に対する一種の制裁なのである。

リブ運動は、「母」の「聖なるイメージ」と、「女」の「俗なるイメージ」に女性が分断されていること自体を問題とした。その結果リブ運動は「女」という立場に立つことを選択したのだ。だが、そのことが、逆に、「からかい」に対し、多くの口実を与えることになり、「からかい」の一斉攻撃をまねいたのである。

これらの「からかい」が女性解放運動の主張に明瞭なマイナスの政治的効果を及ぼした

とすれば、それに対して活動家の女性たちが強い怒りを感じたのは当然である。しかし、「からかい」が「遊び」の文脈に位置づいている以上、それに対する抗議は、非常に困難である。反発すればするほど、ますます、「ヒステリック」であるという「からかい」の主張を裏づけることになってしまうのだ。そして、「からかい」という対応の中に、女性にする根深い「差別意識」の存在を感じてはいても、その「からかいの罠」の中で、「悪あがき」するしかなかったのである。

注

(1) はじめから『プレイボーイ』昭和四十九年二月十二日号、『アサヒ芸能』昭和五十年七月三日号、『週刊大衆』昭和四十七年九月七日号、『週刊サンケイ』昭和四十七年五月十九日号。
(2) 井上輝子は、メディアによるリブ運動に対するとりあげ方の差を分析している。『女性学とその周辺』勁草書房、一九八〇年。
(3) 吉武輝子『週刊サンケイ』昭和五十年十一月二十日号。
(4) 小沢遼子『婦人公論』昭和四十六年一月一日号。
(5)『この道ひとすじ』リブ新宿センター発行、一九七三年三月一日、第二号。
(6) Jo Freeman, *The Politics of Women's Liberation*, 1975. 奥田暁子、鈴木みどり訳『女性解放の政治学』未来社、一六二ページ。

＊本章は、E. Goffman の諸著作に多くの示唆を受けている。

#「おしん」

1　はじめに

もし、現代におしんのような女性がいたならば、あなたは彼女をどう思うだろうか。彼女を好きになれるだろうか。

おしんを好きな人は多い。我慢強い女性ではあるが、常に耐えているだけではなく、自己主張すべきところでははっきりとものを言う。聡明で思いやり深い女性であるが、土壇場では開き直る強さを持っている。商売の才にたけ、先を読むことがうまく、がむしゃらに突進するときもある。こうした女性像は従来のテレビドラマではなかなか描かれず、それゆえ、おしんの登場は新鮮であった。

他方、おしんをきらいだという若者も大勢いる。何をやってもソツなくこなしてしまう。

状況判断も鋭く、おしんの商売での試みはほとんど成功する。それがあまりに「できすぎていて」真実味に欠け、作り物っぽいという。また、おしんの性格の中にある思慮深さを計算高いと考える若者もいる。おしんは苦労するがけっして挫折しない。自分の弱さ、ダメさ加減に悩むこともない。常に正しく、自信があり、うまく立ちまわる能力を備えている。その性格は、生まれながらの「優等生」であり、社会の中で成功者となるべく運命づけられているようでもある。立志伝中の人物の回顧録が持つある種の「いやらしさ」を「おしん」のドラマは備えているのである。

こんなおしんを主人公にしたドラマが成功したのはなぜであろうか。朝の連続テレビ小説は七五年より半年交代となっていたのに、「おしん」だけあえて一年枠で放送したNHKには、「おしん」が成功するという確信があったにちがいない。そしてそのNHKの読みのとおり、一九八三年度の朝の連続テレビ小説「おしん」は大成功であった。視聴率はもっとも高い時には、じつに六〇％を超えた（ビデオリサーチ、関東地方）。これはNHKの朝ドラ史上一大事件であった「おはなはん」（一九六六年）の好評をさらに大きく上まわるものであった。日本人の「おしん」への熱狂ぶりは海外にまで伝えられたのである。

こうした大ヒットには必ずそれだけの理由があるはずである。「おしん」のどこが人々の心をつかんだのか。人々は「おしん」に何を見たのだろうか、「おしん」に描かれた女性像という観点から考えてみることにしよう。

2 テレビに特異な女性像

原作者・橋田寿賀子は「おしん」を「日本の母の鎮魂歌」として書いたという。厳しい経済状況や社会情勢の中で、子どものため、夫のために身を粉にしてひたすら働き続けた日本の庶民の女性たち。生きるため、食べるために厳しい労働に明け暮れた日本の母親たち。そうした女性の姿は、かつてはどこにでも見ることができた。だが豊かな消費文化の時代に入り、貧しい時代のそうした女性像はしだいに忘れ去られようとしている。そうした母たちの苦労をしのぶために「おしん」は書かれたという。その意味では「おしん」は特定の個人の女性の物語なのではなく、過去の庶民の女性全体の物語なのである。

だが、どこにでもあるはずの「おしん」のドラマは、テレビドラマとしては大変珍しいものである。主人公の女性が貧困層出身の女性であり、生きるため、食べるために働き続ける姿を描くドラマは、ありふれたようでいてきわめて少ない。たとえばNHKの朝の連続テレビ小説の歴史においても、その主人公はほとんど中流以上の女性であった。彼女らは職業を持つことがあっても、夫と死別・離別したとか、自分の生きがいといった理由からであった。「おはなはん」の助産婦、「雲のじゅうたん」(一九七六年)の真琴の飛行機乗り、「いちばん星」(一九七七年)の千夜子の歌手等々。

彼女らは仕事のため、または志のために苦労する。だがその苦労は「余裕」のある苦労であったとはいえまいか。働くとしても夢の実現のために働くのと、働かねば食べられぬ状況でがむしゃらに働くのとは、まったく違うはずであろう。

おしんの境遇は後者であり、おしんは貧しさのため家族が憎しみまで抱きあう状況を小さいときからいやというほど体験し、まだ子どもの時分から奉公に出てつらい思いをするのである。こうした設定はNHKの連続テレビ小説史上初めてである。

考えてみれば、日本の女性たちのほとんどが、おしんとさして変わらぬ境遇に生まれ育ち、生活のために厳しい労働をし続けてきたはずなのに、そうした姿がテレビドラマであまり描かれなかったのは不思議なことかもしれない。であるならば、自分たちを主人公にしたドラマに庶民の女性たちが拍手喝采したのも当然といえるであろう。実際、年配女性からの反響の多くは、そこに自分の姿を見いだしている。

女性が生活苦の中で働きつづける姿が（映画には多くあっても）あまりテレビドラマに描かれなかったのは、それが女の現実ではあっても、夢ではなかったからであろう。マスメディアは単に現実の反映なのではなく、人々の夢、欲望、渇望を形象化し、巧妙に映像化するものである。テレビメディアが大衆化した時代の理想の女性像はおしんのような女性ではなかった。むしろ、おしんのような女性のあり方は、当時の女性にとっては否定すべきものであったといっていい。

一九五〇年代から六〇年代にかけてテレビは人々のモノへの渇望に火をつけた。テレビは画面の向こうに、現実の貧しい暮らしでは手の届かぬ豊かな生活、モノにあふれた生活を映し出した。新しい台所、ソファのある暮らし、美しい家。それはあくまで夢であったけれども、当時の女性たちの多くは、そうしたモノに囲まれた暮らしの中に自分たちの夢を見いだしたのである。泥や汗にまみれ自分を犠牲にして働く女性の姿は、現実でありこそすれ、けっして夢にはなりえなかったのである。

女性は消費の主役である。消費の単位は世帯＝家庭であり、家庭生活を新しいモノによってみたすことは戦後経済にとって不可欠の要請であった。戦後の主婦たちは消費者として次々新しいモノを欲するように訓練される必要があった。実際、主婦にとっての夢は、過去には洗濯機・冷蔵庫・掃除機といった電気製品、ガス湯わかし器といった「家事合理化」のための商品であり、最近では家やマンションである。モノを得ることが主婦にとっての自己実現であったのである。

3　消費の記号扱いの女性

その上女性は消費の記号でもあった。豊かな生活の映像化には、毛皮をまとい、宝石を身につけた女性像が不可欠である。男性がモノを作る人ならば、女性はモノを使う人として描かれる。モノを身にまとい、使い、味わい、堪能する存在としての女性。女性はその女性が属する階層の生活水準を示す役割を与えられている。豊かな生活が国民的夢であった時代、その豊かさの程度を直接に表示する記号として、女性は不可欠の役割を担わされたのである。

現代でも女性のこの役割はけっして変わってはいない。たとえばテレビCMの中では、女性が映像として登場することが非常に多い。商品を使う存在として、またはその商品の美しさや豊かさを堪能する存在として、女性はCMの中に登場する。清涼飲料水を飲む若い女性の映像、美しいベッドの中でまどろむ寝具のCMの中の女性の映像等々。これらの商品は必ずしも女性だけが対象ではないのに、CMの中で映像化されるのは、ほとんど女性なのである。さらには、いかにも男性向けの車のCMにも、そのそばでほほえむ美しい女性の映像が多用される。それはあたかも男性は女性の賛美や称賛によって、はじめてモノの豊かさを実感できるかのようである。

ところが、こうしたCMの中で、女性はほとんど「語らない」。CMの中で商品の機能の説明やコピーのナレーションはほとんど男性の声で行なわれている。すなわち、女性に商品を使わせているのは男性なのである。これは男性＝生産者、女性＝消費者という前提の存在を意味している。テレビCMの中で描かれている女性像は、モノを与えられて喜んでいる子どもの姿にほぼ等しい。

多くのテレビドラマの中の女性像もまた、似たり寄ったりである。女性主人公の多くは、美しいモノに囲まれることでのみ主人公となりうる存在にすぎない。豪華マンションや別荘、美しい装いを除いたならば、大して特徴もない性格の、受動的な女性像がいかに多いことか。いわばテレビドラマの中の女性の多くは、単なるマネキン人形である。それは女性の格が、女性の持つモノによって規定されるというイデオロギーの反映であろう。

4 貧しさも憧れの対象に

こうしたCMや多くのドラマの中で流し続けられている女性像に比較すれば、おしんは実に主体的である。おしんは運命に流されるのではなく、みずから運命を切り拓いていく。この点からすれば「おしん」の好評は、受動的、消費的な女性像に対する批判なのかもしれない。

たしかに、「おしん」のテーマの一つは、モノがあり余る時代への批判であった。現在モノはあり余っている。女性雑誌や家庭雑誌の多くがモノをいかに整理するかという特集を組まねばならぬほどにも、私たちはモノに囲まれて暮らしている。しかし生活が「豊か」になり、モノがあり余れば余るほど、モノのありがたみを忘れ、私たちはそれを当然のこととして慣れきってしまう。

現在、主婦は消費の主人公としてモノに囲まれている。だが、そうした消費生活は満ち足りてはいても、感動の薄いものでしかない。みずからモノを創り出す喜びも、モノを創る過程で出会う他者との協働の喜びもない。家庭という小さなカプセルの中で、人形遊びのような暮らしを営んでいるにすぎない。

「貧しさ」もまたひとつの体験であるゆえに「貧しさ」を知らぬ世代にとっては、「貧しさ」という体験それ自体もあこがれの対象となりうるのである。若者の中には「貧しさ」を知るためにみずから求めて旅する者もいる。「貧しさ」は私たちの生活文化を見直す一つのきっかけになりうる。モノがない時代、モノを獲得するための闘いは悲惨ではあっても、また感動的であった。「貧しさ」ゆえに憎しみ合うことがあっても、また「貧しさ」ゆえに多くの人々と出会い助け合うこともできた。モノのあり余る今日では私たちは人とあまり深くかかわり合わずに生きていくことができる。その意味ではモノの豊かさは、モノへの感動を薄れさせるとともに、モノにかかわって生じる人間関係の希薄化をも意味する。

「おしん」を見続けた若者世代の多くは、「おしん」を異文化として見たのであり、「おしん」の中にある「貧しさ」と、それに伴う人間関係の「豊かさ」に感動したのであろう。おしんに描かれた女性像は、モノに囲まれてはいてもけっして主体的ではないＣＭや多くのテレビドラマの中の女性像に対して、「貧しさ」ゆえに人々と主体的にかかわっていくという点で、まさに対極にあるものであった。

だが「おしん」は一見、モノの豊かな時代を「告発」しているように見えて、実際には肯定しているのではなかろうか。「貧しさ」を描くことで、現在の「豊かさ」の価値を肯定しているだけなのではなかろうか。おしんに自分の姿を重ね合わせた年配の女性たちの多くは、また現在の幸福をおしんのスーパー経営者としての成功に重ね合わせたにちがいない。おしんの晩年の成功が、一年のドラマの最初に描かれたのはこのドラマにとって非常に重要な意味がある。そのことによって視聴者はおしんの成功をあらかじめ知ることになったからである。

スーパーの土地問題といった筋書きはいわばとってつけたようなものであり、老年のおしんの毛皮のえりまきにくるまった姿を描くための口実とすらいえるであろう。これによって少女時代のおしん、娘時代のおしんがどんなに苦労しても、視聴者はそれを「出世物語」のひとこまとして安心して見ていられたのである。おしんの回顧は「豊かさ」に至る過程での苦労を肯定するためであって、けっして否定のためではない。

5　テレビに求める現実感

かつてテレビは女性にモノの「豊かさ」という夢を与えた。みじめな現実の暮らしの向こうに、豪華な美しいモノに囲まれた生活を理想的生活として、理想的な女性の姿として見せてくれたのであった。現在その当時の夢は現実になった。だが生活が「豊か」になり、モノがあふれればあふれるほど、モノはその魅力を失っていく。美しい家やすばらしい台所は手に入っても、核家族で孤立化した生活は希薄な生活感しか与えない。こうした中で現在、主婦の多くはテレビに、もはや夢ではなく「現実感」を求めているといえるだろう。ままごとのような家庭生活では得られないどぎつい刺激や激情、人間臭い事件、赤裸々な葛藤をテレビを通じて得ようとしているのである。主婦向けに昼放送されているワイドショーの内容は目をみはるばかりである。「殺人」「不倫」「暴力」「心中」「離婚」等々の「事件」が生々しく誇張されて放送されている。これを見ている主婦のほとんどは、平和で安定した幸福な主婦のはずであろう。だが、その幸福はどぎつい刺激を必要とするほどに存在感の薄いものなのかもしれない。そうした他人の不幸や葛藤を見ることではじめて、自分の生活の幸福さを感じとることができるほどにも単調で平板な生活なのかもしれない。「おしん」もまたこうした「現実感」への渇望から見続けられたのかもしれない。おしんの不幸や苦労は並たいていのものではない。その意味では「おしん」はじつによく定石どおりつくられたメロドラマであった。おしんの苦労、おしんの「貧しさ」は、多くの女性にとってワイドショーの事件と同じく、自分の幸福を確認させてくれるものであったのではあるまいか。そうして幸福を確認しなければならぬほどにも私たちの生活は存在感の薄いものになってしまったということか。

だが、「現実感」をテレビに求めて見続ける主婦の姿は、主婦の恐ろしいまでの孤独を示してもいる。家庭にも近隣にも「現実感」を見いだしえず茶の間のテレビを一人で見る。橋田寿賀子の辛口ホームドラマは、どこにでもあるいさかいや気持ちのいきちがいを、家庭の中ではけっして言葉にされることのない会話でもって表現することで、主婦層の支持を得た。おそらくこれもテレビに「現実感」を求める傾向の一つといえるであろう。「おしん」が好評をはくしたのは「豊かな現代」の視点から昔の貧乏時代を見ることで、現在の私たちの生活に対し満足感を高めることができたからであろう。「おしん」は「貧乏」からの出世物語であり、それはそのまま日本人すべてのアイデンティティなのである。日本自体が「貧乏国」から「先進国」に「出世」したのだ。高度経済成長期が終わって十年、もはや以前のような経済的な拡大は望むべくもない時代に、鬱屈した気分をより「貧しい時代」と比較することで紛らわし、自分たちが「幸福」なのだと確認したいという気持ちと「おしん」のドラマが一致したのである。

「おしん」が一九五〇年代や六〇年代に放送されたとしたら、これほどの反響はなかったであろう。「おしん」の好評のもっとも大きな理由はここにある。男性も多く「おしん」に共感を示し、経営者に「おしん訓話」が流行したのも、「おしん」が庶民の女性の一代記である以上に、日本経済の成功物語であるゆえであろう。

6　幸福を自覚せよと迫る

ここから考えると、おしんの性格はあの高度経済成長期を支えた猛烈社員の像にどこか似てはいないか。おしんとは高度経済成長期のエートスそのものなのではなかろうか。女性像としてのおしんはたしかに新鮮ではあった。だがもしおしんが男性であったならば、あなたはそんな男性像には辟易するほど出会ってはいないか。

日本経済の成功物語がおしんという女性像で示されたということは興味深い。高度経済成長期の矛盾が噴出している現在、日本の経済的成功に表立って賛歌を唱えるのはためらわれ、女性の時代に託して語られたのであろうか。たしかに高度成長期を生み出したのは男性だけの働きではない。多くの女たちがおしんと同じように汗水たらして働いたのである。そうした女性たちの働きのうえに今の私たちの暮らしがあることを忘れてしまっていたのかもしれない。

だが、現在の私たちの生活の「ぜいたくさ」を指摘し、私たちが「幸福」であることを自覚せよとせまる「おしん」のテーマを女がそのまま受け入れていいものだろうか。「おしん」を見て自分の暮らしの豊かさに満足していいものだろうか。モノに囲まれながらも生活における存在感の希薄さに悩む主婦の問題は、けっして「ぜいたく」ではなかろう。

学校に行けなかったおしんに比べて、現在の塾に通わせられている子どもたちが、それほど幸福なわけではないように。

私たちの時代の課題は、昔の「貧しい」時代と比較したら問題にもならないと否定し去ることができるような問題なのではない。たしかにおしんは苦労した。けれども不思議なことに「おしん」のドラマには老いも病いも欠けている。

おしん自身は常に健康であり病気など一度もしない。八十歳になっても老いることもなく、スタスタと旅に出る元気を持っている。老人や病人や死はたしかにドラマの中にある。けれども、長患いで苦しむとか、寝たきり老人の世話をするといった苦労はまったくなく、病人はさっさと死んでくれるのである。

その意味ではおしんは実に幸運な女である。そして「おしん」のドラマの世界は、高齢化社会を迎えている現代の「不幸」や「苦労」をまったく欠いているのである。私たちの時代には私たちの世代が担っている問題がある。それはおしんの苦労と比較しようもない別の苦労なのだ。

であるならば「おしん絶賛」でもって国民や社員の奮起をはかろうとする文部大臣や経営者の尻馬に乗り、私たちの生活の「豊かさ」に満足し、「貧しく」ならぬために一生懸命に働いたところで、それは私たちの生活の真の豊かさをもたらすことにはならないであろう。私たちの時代の求める女性像はやはりおしんとは別のところにあるのではなかろうか。そして、もし女性の社会進出がおしんのような女性像を範としているにすぎないのならば、それもまた真に豊かなものと結びつくことはないのではなかろうか。

孤独な「舞台」――現代女性とインテリア

1　住まいへの関心

インテリア雑誌の創刊がめざましい。数年前にはほとんど数冊しかなかったその種の雑誌は、今や数えきれぬほどある。しかもその大半は、専門家向けではなく消費者向けであり、読者層を若い女性にしぼっている。若い女性の関心の中で、「住まい」が大きな割合を占めはじめたのである。

この背景にはさまざまな要因があろう。女性が豊かになり、服装や化粧だけでなく、「住まい」にも自分の趣味を反映させることができるようになったことは何より大きい。また逆に、現代都市の「住環境」の劣悪さが、少しでも工夫しない限り、とうてい満足に「住みこなしえない」居住条件を押しつけているからだと考えることもできよう。アパートやマンションなど自分では改築がむずかしい住居に住まざるをえない若い層の女性は、その限られた空間の中でせめてもの努力をして「住みごこち」を良くするべく努力を強いられているのかもしれない。自分の「住まい」こそわれわれの日常生活の大半の時間をすごす場であることを考えてみれば、「住まい」への関心の増大は、自分自身の生活を本当に大切にする意識が芽生えた証拠と考えることもできる。であるならばそれは歓迎すべきことではあれ、けっして否定すべきものではないかもしれぬ。

けれど、インテリア雑誌の興盛が示す現代の女性の「住まい」への関心にはどこか「虚しさ」が感じられる。インテリア雑誌を彩る何枚もの「美しい部屋」の写真をみているうちに、その「室内装飾」をつくりあげた女性の過剰なまでの「気配り」が伝わってきて、そこに逆にその女性の生のエネルギーの不完全燃焼を見てしまったような気にさせられるのである。狭い居住空間の隅々にまで張りめぐらされた女性の「気配り」が、その狭い空間ではとうてい入りきらないほどの女性の自我の大きさを示すようで、息苦しくなってしまうのである。

なぜ、こんな印象を受けてしまうのだろうか。それらのインテリア写真は、見る者に何かを「見る」ように強制する。単に「住居」を見るのではなく、その「住居」にあらわされた住人の生活を「見る」ことを強制する。さまざまな「住居」がさまざまな住人の個性を示し、「住居」の比較が、あたかも住人の個性の比較であるように「見る」ことを強制する。すなわち、それらのインテリア写真の中で「住居」は単に住居ではなく、住居以上の何事かを指し示す象徴に変貌してしまっているのである。

「住居」が単にその機能性によって求められるものなのではなく、富や権力の象徴として求められるものであることは言うまでもない。権力者の実例をひくまでもなく、現代のサラリーマン諸氏にもそうした意識は根強い。何千万もする一戸建住宅をローンで買い求める意識の奥底には「男なら家の一軒くらい」という意識がいくらかはあるのであろう。「住居」が単に「住居」にとどまらず象徴になってしまっているのは、女性よりも男性においてよりはっきりしているといえるだろう。男性は「住居」におのれの経済力を「見る」ようにさせられているのであるから。

それに比較して、女性向けインテリア雑誌の示す女性の「住まい」への関心は単にハードウェアとしての「住居」の価値に向けられているのではなく、むしろソフトウェア「住み方」「住みこなし方」に向けられているようである。これは女性と「住居」のイデオロギーを反映しているようで興味深い。「住まい」は女性の「本来の」環境とされている。「住まい」においてこそ、女性はその才能を余すことなく発揮し、生活を豊かなものにしうるのである。それゆえ女性にとっての「住居」は、自分の経済力や権力の象徴ではなく、より直接的な、生活能力——ハウスキーパーとしての能力、生活演出者としての能力等々——の証しである。さらにいえば、「住居」は女性の人柄を示すものとされており、女としての価値や幸福度の証しでもあるのである。手入れのよく行き届いた、美しい家は、その女主人の人柄や能力、幸福度を証明するものと「見られる」のである。

2　女性のいる空間

インテリア雑誌が写真を通してわれわれに「見る」ことを強制するのは、この「充ち足りた女の生活」という幻想である。個性的な住まい、知的な空間、やすらぎの部屋等々、それらの写真はその部屋に住む女性の「豊かな」生活を証明する。そこに繰りひろげられる愛情に充ちた、おだやかな、あるいは刺激的な暮らしを「見せ」てくれるのである。インテリア写真には人物は登場しない。だが映像が室内を通してえがき出すのはそこに暮らす人物なのである。だからこそインテリア写真の中には、あたかも今まで人がいたかのようにコーヒーカップがテーブルにおいてあり、長いすには雑誌がひろげたままになっているのだ。

人物が写真の中に不在であり、なおかつ人の居ずまいが感じられる室内写真は、それを見る女性に、あたかも自分こそがその部屋の住人であるかのように錯覚させる。美しい部屋に住むにふさわしい女主人公になったような気持にさせるのである。多くの女性がインテリア雑誌に注ぐ熱い視線の中には、インテリア写真の部屋の女主人公に自分を同一視するこうした心理があるのではなかろうか。

だが、だからこそ、女性が自分の室内に注ぐ視線は、それを「外から」みる視線となってしまう。

室内とはもっとも「私的」な空間であるはずなのに、その室内に注がれる女性の視線は、その室内を第三者の眼から見る視線となる。第三者の眼からみて、自分の「私的空間」がすばらしいものとしてみえるように気を配る視線となる。なぜなら、女性にとって「私的空間」こそ、まさしく自分の価値を確認し、証明してくれる空間だからである、女性の価値は「私生活」にこそあるゆえに、その「私生活」における幸福、成功の度合が、まさしく「私的空間」たるインテリアによって示されるというわけである。多くの女性が自らの室内に注ぐ熱い視線の中には、おそらく自分の女としての「充ちたりた生活」を、第三者に証明したいという意図があるのである。

だが、いったい誰に向かって証明するのか。室内空間は外に向かって扉をとざすことで「私的空間」に変質しえた。社交習慣を持たぬ日本の家庭は、伝統的な親せきづきあいを拒否してしまえばまったく孤立した空間となる。地域社会も伝統的な「家」を単位として構成されており、それが風化した今、新しい地縁的人間関係の確立は不充分である。家族成員はそれぞれ、家庭という枠をはずれて、個人として職場や学校に友人・知人を見出している。家庭はそうした家族成員が羽をのばす「私的な」密室にすぎない。女性が自らの価値を証明すべく、自分の思いどおりにしている室内はそうした密室なのである。意のままにさい配をふるえる女性の、その主婦としてのあり方自体が逆に、今日の家庭において主婦以外が「外にひっぱり出され」、家族が不在となりからっぽになった様子を明白に示しているかのようである。

室内装飾に向かう視線はあくまで個人のものである。それは個人の趣味による室内の雰囲気の統一を不可欠とする。もし今日の女性が、自分の部屋、または自分の家を持たぬとしたなら、戦前の直系家族制のもとでのように、嫁として「家」に入ったとしたならば、「自由に」インテリアを考えることは不可能である。

伝統的な「家」の空間は、「共同的空間」として、個人の趣味によるインテリア・コーディネイトを拒否するからである。戦前の日本の室内空間は、女性の個人的趣味や好みが室内に反映される余地はあまりなかった。室内はほとんど「家」という共同的な空間により規定されており、先祖や伝統によりその変更は厳しく規制されていた。

3　家族の変化と私的空間

戦後の家族の変化は単に同居する人間の数やカテゴリーの変化をもたらしただけではない。家族の住む「家」という空間の、完全な変容をも伴ったのである。すなわち「家」は、伝統的な共同的空間ではなくなり、完全に「私的空間」に変容したのだ。家庭は個々の成員の「自然な欲望」を充たし、成員相互の「自然な情愛」を満足させる外からしゃ断された「私的な空間」として位置づけられた。核家族化は、「家制度」の中での「自然な欲望」や「自然の情愛」の抑圧を嫌い、外からしゃ断された「私的空間」を確保しようとした戦後世代の要求により促進された。

そしてこの「私的空間」は、戦後の高度成長に伴う様々な耐久消費財を室内にとりこむことによってさらに伝統的な空間意識や秩序観を完全に払拭していった。上野千鶴子氏はベッドやダイニングセットは、戦前おとしめられていた性欲や食欲が「私的空間」において市民権を得た象徴であったと分析する[1]。狭い日本の都市の住宅事情からすれば、空間のムダ使いでしかないこれらの家具が、かなりの普及度を示したのは、単に機能性では説明がつかず、その象徴としての意味を考察しなければならぬことを示した点で、卓見であった。

そして核家族化を積極的に推進し、ベッドやダイニングセットなどの家具の購入を積極的に担っていったのが戦後の若い女性たちであった。彼女らは、親の世代と別居したり、別棟をたてたり、親世代と「居住空間」を完全に分離したりして、自分の「自由にできる」空間を手に入れようとした。家庭の外でいくらでも「自由な」空間―第三空間を満喫できる男性とは異なり、女性は家庭の中に「私的空間」を手にすることではじめて、「私的な欲望」や「私的な情愛」を満足することができたからである。

そしてこの「私的空間」の確立こそ、女性がインテリアに関心を払うことのできる条件であったことはすでに述べた。現代の女性は結婚すれば皆すぐに主婦となる。すなわち、家の中で絶対的な管理権を持つ存在となるのである。この絶対的な室内空間への支配力と、伝統的な空間秩序規範から「自由で」あることこそ、インテリアを個としての女性の表現として位置づけうる条件である。

だがまさにこの条件こそ、家庭という住空間の空間としての価値下落を意味しているのではなかろうか。すなわち家庭という住空間が人生における重要な出来事や儀式をとり行なう場ではなくなってしまったことを意味してはいまいか。「家制度」下の「家」は、人生の重要な出来事がほとんどすべてそこで生じる空間であった。今日家庭は、単に日常的な欲求を処理し満足させる場でしかない。誕生や死や結婚、その他様々な重要な出来事は家庭の外でおきる。かつて「家」空間はそれ自体、社会であった。だが現在家庭は、社会から切りはなされた密室にすぎない。現代女性が主婦となって手に入れる「私的空間」は現代女性を社会から切り離す牢獄でもあるのである。

そして、女性が「私的空間」を入手し、巣づくりにはげみ維持しようとした「私生活」の幸福というものも「幻想」ではなかったか。むろん、この「幻想」は実際にわれわれをつき動かし、労働にかりたて、日常生活における実際の目標を設定したという点で「現実」であった。だが、高度産業社会の中で、いや応なく家族成員は企業に学校にと狩り出され、その全精力を家庭外で使い果たしてしまい、家庭という住空間はその内部での自律的な生活展開を不可能にさせられていった。家族はそれぞれのタイム・スケジュールに従って生活するにすぎず、家庭は個々の家族成員の個的欲求の充足の場でしかなくなってしまったのである。個々の家族成員を労働にかり立てたのは「私生活」の幸福のためであったかもしれぬ。だがその結果として家庭は、からっぽの巣となってしまったのである。

むろん、現代社会でも家庭ではほとんどの時間をすごさざるをえない人々は多い。子育て期の主婦や当の乳幼児、病人や老人をかかえた主婦や病人、老人等は、その生活時間のほとんどを家庭ですごす人々といえるであろう。だが現在のインテリア雑誌にあらわれる室内写真はたいてい、こちらの人々とは無縁である。もっとも広い住宅が必要なはずの子育て期の若夫婦にはそうした家をたてられる財力がないのが普通である。家を入手できるのは、もう庭で遊ぶ子どもがいなくなった四十代、五十代になってからである。

障害者や病人、老人をかかえた家庭も同様である。これらの家庭こそ、家庭ですごす時間がかなり多いゆえに、もっとも快適な住空間を必要としている。だが、こうした家庭はたいていその時間的・労力的・財政的余力がない。主婦ひとりでいかに努力しても、介護だけで力尽きてしまう。インテリア雑誌の示す室内空間は、これら家庭でほとんどの時間をすごす人々とは無縁の世界である。

なぜなら、人々がインテリア写真に求めるものは、この高度の消費社会での成功と幸福の証明だからである。美しい室内写真は「私生活」の豊かさの証明である。だが、だからこそ、これらの室内写真は空虚な「私生活」の証明であるかのようである。それはたった一人「私空間」にとり残された女性が、自分の幸福さを自ら証明するための孤独な営為であるかのように思える。

インテリア雑誌の室内写真はほとんど洋間である。その写真は、人物がいなくとも、その居ずまいを感じさせる。イスやテーブルはそこでどんな姿勢で人物がすわるか、その表情までも示すかのようである。窓ぎわのテーブルとそこにさりげなく置かれた一輪の花は、テーブルにほおづえをつき窓の外をながめる若い女性の姿を想像させる。ゆったりしたソファはそこでくりひろげられる一家団らんの姿を想像させる。日本間ならば、家具がないゆえになかなか写真になるまい。たまに日本間の写真があっても必ず座ぶとんや座卓が出ているのは、そうした居ずまいを感じさせる効果をねらっているからにちがいない。インテリア写真が洋間が多いのも当然であろう。

だが皮肉な見方をすれば、こうした家具の室内への氾濫はまさに家庭という住空間における家族の不在を示すものと考えることもできまいか。ベッドやダイニングセットは、「私的空間」の象徴として、家庭内に据えつけられた。それらの家具は、家族が不在の時も、家族の愛情や結合の象徴として「私的空間」に君臨したのである。ソファもリビングルームも、ロッキングチェアも、人がそこにいなくとも人間の存在を感じさせる何かを持っている。それらが狭い日本の住空間の条件を無視した形で「私的空間」に大量に導入されたのは、「私的空間」の空虚さを満たすためではなかったか……。

であるとするならば、その室内において、インテリア雑誌に見入り、「私的空間」を美しくみせるべく努力しつづける女性の姿は、まるで、人形の家であそぶ女の子のように、自分一人でお話をつくり空想にふけっているかのようである。誰もその室内を見るわけでもない。ただ自分の創り上げた自分の理想の姿に自ら裁断を下しているのである。……その営為は他者とまじわることがないゆえに孤独である。その室内が美しければ美しいほど、その執念の強さが孤独の度合を示すかのようである……。それは鏡の地獄である。自分を見る者が自分であり、そしてその見ている自分をまた自分が見る……。インテリア雑誌の室内写真は、こんな悪夢を感じさせる。きっとそれは単に自分の心根を垣間みたせいにすぎないのであろうけれども。

注

（1）上野千鶴子「戦後欲望外史」『思想の科学』一九八一年十二月号。

あとがき

「乱れた振子――リブ運動の軌跡」（本書第Ⅱ部収録）は、私にとって意義深い仕事となった。ひき出しの中に眠っていたこの原稿を『日本読書新聞』に連載することになったのは、私の大学時代からの友人で今は朝日新聞の記者をしている竹信三重子氏に読んでいただいたのがきっかけであった。その原稿がたまたま『日本読書新聞』の編集をしていた大橋由香子氏の方にまわり、彼女から依頼されたのである。どうせ眠っている原稿でもあるし、連載用に書き直すのは大した仕事ではないからと気軽にひきうけたのは、今二歳になる息子が妊娠八カ月でおなかの中にいた夏のことである。

この原稿はそれ以前にもあちこちまわり歩いていた。もともとは社会学関係の書物の一章にあてるように書いたものであるが、肝心の本は編集の段階でなぜか進行がストップしてしまい、中途半端のまま浮いていた。テーマがテーマでもあるし、ちょうど優生保護法の二度目の「改悪阻止」にむけて運動が高まっていた時でもあり、「リブ運動」のことを知りたいという若い友人や、かつての「リブ運動」の担い手層の友人の間を、この原稿はウロウロしていたのである。この原稿を介して知り合えた友人たちも多い。あまり人づきあいの良い方ではない私のかわりに、この原稿は多くの新しい関係を切りひらいてくれたのである。

いま改めて「リブ運動の軌跡」の原稿の「軌跡」をたどってみると、この原稿が縁となって結ばれた人間関係の多彩さに驚く。そしてその一つ一つが今私にとって楽しく大切である。社会の様々な場所で、それぞれの闘いを、それぞれの生き方を、ひっそりとしっかりと持続しているたくさんの女性たち。途は様々であっても、その歩みの確かさを思うとき、私はうれしく楽しくなる。どうやらこの原稿は、ものを書くことがもたらしうる最良のよろこびを私に届けてくれたようである。

だが、この原稿の背景となった七〇年代前半の多くの女性たちとの出会いを思いおこすとき、私の言葉が足りなかったのではないか、誤りはしなかったかと不安でもある。女性解放論のはらむ問題は限りなく深く広い。そのおそろしい深みにどれだけせまりえたか自信はない。

本書の執筆をはげましつづけて下さった上野千鶴子氏、そして勁草書房の町田民世子氏に対し心から御礼を申しあげたい。また折につけ議論にのってくれた、大学時代からの友人、お茶の水女子大の学生諸氏、東大や早稲田の大学院の研究者仲間に心から感謝したい。

一九八五年一〇月

江原　由美子

増補版あとがき

この本を出したのは三十代のはじめだった。六十代も終わりに近い今この本を読むと、様々な思いにとらわれる。三十代の自分の筆の運びには、今にはない力強さや、逆に批判を避けようとする小心さがあったりする。自分でも「古臭さ」を感じてしまうような言い回しにも出合う。そんな時は、「今の時代に通じるのかな」という不安にもとらわれた。

それにもかかわらず、この本を文庫本として送りだそうとするのは、言いたいことは意外なほど今も変わっていないという実感があるからである。「女性解放という思想」に必要なのは、「あるべき女性の生き方」を述べることではない。男女とも一人一人がよりよく自分の生き方を選択できるような、社会の在り方を構想することだ。それがとても難しいのは、近代社会・産業社会において、女性が担わされてきた活動や労働が充分には社会理論に統合されていないからだ。「女性問題がむつかしい」のは、女性同士の意見がまとまらないからではなく、女性問題を考えることが、既存の近代社会論や産業社会論の枠組みを批判的に組み替えることにつながるからなのだ。

この思いは、今も少しも変わっていない。私は今も相変わらず「ジェンダー問題は本当に難しい」と愚痴をこぼしながら、あまりよく動かなくなった頭を酷使して考えている。「そうか、自分は三十代からあまり成長せずに同じようなことを考えてきたのだなあ」と実感できたことこそ、増補版に取り組んだ最大の成果だったと思う。

筑摩書房の守屋佳奈子さんには、本当にお世話になった。時間の経過で分かりにくくなっている点をご指摘いただいたり、今読んでも面白いと励ましていただいた。また見落としていた言い回しや漢字変換のミスなどを本当に丁寧に見ていただいた。この増補版が読み易くなったとすれば、それはひとえに守屋さんのおかげである。

二〇二一年春　コロナ禍の横浜にて

江原由美子

初出一覧

増補　その後の女性たち　書きおろし

I

女性解放論の現在　書きおろし

「差別の論理」とその批判　書きおろし

II

リブ運動の軌跡　原題「乱れた振子」『日本読書新聞』１９８３年11月7日～１９８４年４月30日号に連載

ウーマンリブとは何だったのか　『女性の現在と未来』〈ジュリスト増刊総合特集〉１９８５年６月

III

からかいの政治学　『女性の社会問題』第４号、女性の社会問題研究会、１９８１年7月

「おしん」　『朝日ジャーナル』〈女の戦後史〉１９８５年1月18日号

孤独な「舞台」　『群居』第９号、群居刊行委員会、１９８５年

本書は一九八五年十二月二十日に勁草書房より刊行された。文庫化に際し新たに一章を加えた。

戦後日本漢字史　阿辻哲次

GHQの漢字仮名廃止案、常用漢字制定に至る制度的変遷、ワープロの登場。漢字はどのような議論や試行錯誤を経て、今日の使用へと至ったか。

現代小説作法　大岡昇平

西欧文学史に通暁し、自らの作品においては常に事物を明晰に観じ、描き続けた著者が、小説作法の要諦を論じ尽くした名著を再び。（中条省平）

折口信夫伝　岡野弘彦

古代人との魂の響き合いを悲劇的なまでに追求した人・折口信夫。敗戦後の思想まで、最後の弟子が師の内面を描く。追慕と鎮魂の念に満ちた傑作伝記。

日本文学史序説（上）　加藤周一

日本文学の特徴、その歴史的発展や固有の構造を浮き上がらせて、万葉の時代から源氏・今昔・能・狂言を経て、江戸時代の徂徠や俳諧まで。

日本文学史序説（下）　加藤周一

従来の文壇史やジャンル史などの枠組みを超えて、幅広い視座に立ち、江戸町人の時代から、国学や蘭学を経て、維新・明治、現代の大江まで。

村上春樹の短編を英語で読む 1979〜2011（上）　加藤典洋

英訳された作品を糸口に村上春樹の短編世界を読み解き、その全体像を一望する画期的批評。村上の小説家としての「闘い」の様相をあざやかに描き出す。

村上春樹の短編を英語で読む 1979〜2011（下）　加藤典洋

デタッチメントからコミットメントへ——。デビュー以来の80編におよぶ短編を丹念にたどることで浮かびあがる、村上の転回の意味とは？（松家仁之）

江戸奇談怪談集　須永朝彦編訳

江戸の書物に遺る夥しい奇談・怪談から選りすぐった百八十余篇を集成。端麗な現代語訳により、古の妖しく美しく怖ろしい世界が現代によみがえる。

江戸の想像力　田中優子

平賀源内と上田秋成という異質な個性を軸に、江戸18世紀の異文化受容の屈折したありようとダイナミックな近世の〈運動〉を描く。（松田修）

20世紀思想を読み解く　塚原史
「自由な個人」から「全体主義的な群衆」へ。人間という存在が劇的に変質した世紀の思想を、無意味・未開・狂気等キーワードごとに解読する。

緑の資本論　中沢新一
『資本論』の核心である価値形態論を一神教的に再構築することで、自壊する資本主義からの脱出の道を考察した、画期的論考。（矢田部和彦）

反＝日本語論　蓮實重彥
仏文学者の著者、フランス語を母国語とする夫人、日仏両語で育つ令息。三人が遭う言語的葛藤から見えてくるものとは？（シャンタル蓮實）

橋爪大三郎の政治・経済学講義　橋爪大三郎
政治は、経済は、どう動くのか。この時代を生きるために、日本と世界の現実を見定める目を養い、考える材料を蓄え、構想する力を培う基礎講座！

フラジャイル　松岡正剛
なぜ、弱さは強さよりも深いのか？　薄弱・断片・あやうさ・境界・異端……といった感覚に光をあて、「弱さ」のもつ新しい意味を探る。（高橋睦郎）

言葉とは何か　丸山圭三郎
言語学・記号学についての優れた入門書。ソシュール研究の泰斗が、平易な語り口で言葉の謎に迫る。術語・人物解説、図書案内付き。（中尾浩）

〈ひと〉の現象学　鷲田清一
知覚、理性、道徳等。ひとをめぐる出来事は、哲学の主題と常に伴走する。ヘーゲル的綜合を目指すのでなく、問いに向きあいゆるやかにトレースする。

ありえないことが現実になるとき　ジャン＝ピエール・デュピュイ　桑田光平／本田貴久訳
なぜ最悪の事態を想定せず、大惨事は繰り返すのか。経済か予防かの不毛な対立はいかに退けられるか。認識の根源を問い、抜本的転換を迫る警世の書。

空間の詩学　ガストン・バシュラール　岩村行雄訳
家、宇宙、貝殻など、さまざまな空間が喚起する詩的イメージ。新たなる想像力の現象学を提唱し、人間の夢想に迫るバシュラール詩学の頂点。

風　水
エルネスト・アイテル
中野美代子／中島健訳
中国の伝統的思惟では自然はどのように捉えられているのか。陰陽五行論・理気二元論から説き起こし、風水の世界を整理し体系づける。（三浦國雄）

コンヴィヴィアリティのための道具
イヴァン・イリイチ
渡辺京二／渡辺梨佐訳
破滅に向かう現代文明の大転換はまだ可能だ！　人間本来の自由と創造性が最大限活かされる社会をどう作るか。イリイチが遺した不朽のマニフェスト。

重力と恩寵
シモーヌ・ヴェイユ
田辺保訳
「重力」に似たものから、どのようにして免れればよいのか……ただ「恩寵」によって。苛烈な自己無化への意志に貫れた、独自の思索の断想集。ティボン編。

工場日記
シモーヌ・ヴェイユ
田辺保訳
人間のありのままの姿を知り、愛し、そこで生きたい――女工となった哲学者が、極限の状況で自己犠牲と献身について考え抜き、克明に綴った、魂の記録。

青色本
L・ウィトゲンシュタイン
大森荘蔵訳
「語の意味とは何か」。端的な問いかけで始まるこのコンパクトな書は、初めて読むウィトゲンシュタインとして最適な一冊。（野矢茂樹）

法の概念〔第3版〕
H・L・A・ハート
長谷部恭男訳
法とは何か。ルールの秩序という観念でこの難問に立ち向かい、法哲学の新たな地平を拓いた名著。批判に応える「後記」を含め、平明な新訳でおくる。

解釈としての社会批判
マイケル・ウォルツァー
大川正彦／川本隆史訳
社会の不正を糺すのに、普遍的な道徳を振りかざすだけでは有効でない。暮らしに根ざしながら同時にラディカルな批判が必要だ。その可能性を探究する。

生き方について哲学は何が言えるか
バーナド・ウィリアムズ
森際康友／下川潔訳
倫理学の中心的な諸問題を深い学識と鋭い眼差しで再検討した現代における古典的名著。倫理学はいかに変貌すべきか、新たな方向づけを試みる。

思考の技法
グレアム・ウォーラス
松本剛史訳
知的創造を四段階に分け、危機の時代を打破する真の思考のあり方を究明する。『アイデアのつくり方』の源となった先駆的名著、本邦初訳。（平石耕）

自然権と歴史

レオ・シュトラウス
塚崎智／石崎嘉彦訳

自然権の否定こそが現代の深刻なニヒリズムをもたらした。古代ギリシアから近代に至る思想史を大胆に読み直し、自然権論の復権をはかる20世紀の名著。

生活世界の構造

アルフレッド・シュッツ／トーマス・ルックマン
那須壽監訳

「事象そのものへ」という現象学の理念を社会学研究で実践し、日常を生きる「普通の人びと」の視点から日常生活世界の「自明性」を究明した名著。

哲学ファンタジー

レイモンド・スマリヤン
高橋昌一郎訳

論理学の鬼才が、軽妙な語り口ながら、切れ味抜群の思考法で哲学から倫理学まで広く論じた対話篇。哲学することの魅力を堪能しつつ、思考を鍛える！

ハーバート・スペンサーコレクション

ハーバート・スペンサー
森村進編訳

自由はどこまで守られるべきか。リバタリアニズムの源流となった思想家の理論の核が凝縮された論考を精選し、平明な訳で送る。文庫オリジナル編訳。

ナショナリズムとは何か

アントニー・D・スミス
庄司信訳

ナショナリズムは創られたものか、それとも自然なものか。この矛盾に満ちた心性の正体を、世界的権威が徹底的に解説する。最良の入門書、本邦初訳。

日常的実践のポイエティーク

ミシェル・ド・セルトー
山田登世子訳

読書、歩行、声。それらは分類し解析する近代的知が見落とす、無名の者の戦術である。領域を横断し、秩序に抗う技芸を描く。（渡辺優）

反解釈

スーザン・ソンタグ
高橋康也他訳

《解釈》を偏重する在来の批評に対し、《形式》を感受する官能美学の必要性をとき、理性や合理主義に対する感性の復権を唱えたマニフェスト。

声と現象

ジャック・デリダ
林好雄訳

フッサール『論理学研究』の綿密な読解を通して、「脱構築」「痕跡」「差延」「代補」「エクリチュール」など、デリダ思想の中心的〝操作子〟を生み出す。

歓待について

ジャック・デリダ
アンヌ・デュフールマンテル序論
廣瀬浩司訳

異邦人＝他者を迎え入れることはどこまで可能か？ギリシャ悲劇、クロソウスキーなどを経由し、この喫緊の問いにひそむ歓待の（不）可能性に挑む。

リヒテルは語る
ユーリー・ボリソフ
宮澤淳一訳
20世紀最大の天才ピアニストの遺した芸術的創造力の横溢。音楽の心象風景、文学や美術、映画への連想がいきいきと語られる。「八月を想う貴人」を増補。

イタリア絵画史
ロベルト・ロンギ
和田忠彦／丹生谷貴志／柱本元彦訳
現代イタリアを代表する美術史家ロンギ。本書は絵画史の流れを大胆に論じ、若き日の文化人達に大きな影響を与えた伝説的講義録である。（岡田温司）

歌舞伎
渡辺保
伝統様式の中に、時代の美を投げ入れて生き続けてきた歌舞伎。その様式のキーワードを的確簡明に解説した、見巧者をめざす人のための入門書。

マニエリスム芸術論
若桑みどり
カトリック的世界像と封建体制の崩壊により、観念の転換を迫られた一六世紀。不穏な時代のイメージの創造と享受の意味をさぐる刺激的芸術論。

イメージを読む
若桑みどり
ミケランジェロのシスティーナ礼拝堂天井画、ダ・ヴィンチの「モナ・リザ」、名画に隠された思想や意味を鮮やかに読み解く楽しい美術史入門書。

イメージの歴史
若桑みどり
時代の精神を形作る様々な「イメージ」にアプローチし、ジェンダー的・ポストコロニアル的視点を盛り込みながらその真意をさぐる新しい美術史。

てつがくを着て、まちを歩こう
鷲田清一
規範から解き放たれ、目まぐるしく変遷するモードの世界に、常に変わらぬ肯定的眼差しを送りつづけてきた著者の軽やかなファッション考現学。

英文翻訳術
安西徹雄
大学受験生から翻訳家志望者まで。達意の訳文で知られる著者が、文法事項を的確に押さえ、短文を読みときながら伝授する、英文翻訳のコツ。

英語の発想
安西徹雄
直訳から意訳への変換ポイントは、根本的な発想の転換にこそ求められる。英語と日本語の感じ方、認識パターンの違いを明らかにする翻訳読本。

ちくま学芸文庫

増補《ぞうほ》　女性解放《じょせいかいほう》という思《し》想《そう》

二〇二一年五月十日　第一刷発行

著　者　江原由美子（えはら・ゆみこ）

発行者　喜入冬子

発行所　株式会社　筑摩書房

東京都台東区蔵前二―五―三　〒一一一―八七五五

電話番号　〇三―五六八七―二六〇一（代表）

装幀者　安野光雅

印刷所　中央精版印刷株式会社

製本所　中央精版印刷株式会社

ISBN978-4-480-51042-6 C0136